# Guía completa del Staffordshire Bull Terrier

Joanna de Klerk

Datos de Publicación

Joanna de Klerk

Guía completa del Staffordshire Bull Terrier ---- Primera edición.

Resumen: "Criar exitosamente un perro Staffordshire Bull Terrier desde cachorro hasta la vejez" --- Proporcionado por el editor.

ISBN: 979-8-89818-029-4

[1. Staffordshire Bull Terriers --- No Ficción] I. Título.

Este libro ha sido escrito con la intención de proporcionar información precisa y autorizada con respecto al tema incluido. Si bien se han tomado todas las precauciones razonables en la preparación de este libro, el autor y el editor rechazan expresamente cualquier responsabilidad por errores, omisiones o efectos adversos derivados del uso o aplicación de la información contenida en su interior. Las técnicas y sugerencias deben utilizarse a discreción del lector y no deben considerarse un sustituto de la atención veterinaria profesional. Si sospechas que tu perro tiene un problema médico, consulta a tu veterinario.

Diseño por Sorin Rădulescu

Primera edición en español, 2025

# ÍNDICE

# CAPÍTULO 1
# Descripción General de la Raza

## Acerca de la Raza

El Staffordshire Bull Terrier es una de las razas más populares en el Reino Unido, con un fuerte seguimiento en España, Francia, Alemania y otras partes de Europa y el mundo. Con sus orígenes arraigados en las peleas de perros de la Inglaterra industrial del siglo XIX, la raza tiende a polarizar la opinión pública. Muchas personas todavía temen al Staffie, creyendo que la raza es peligrosa. Sin embargo, quienes han llegado a conocer al Staffordshire Bull Terrier a través de la convivencia defienden firmemente la reputación de la raza, argumentando que el Staffie es un perro familiar leal y cariñoso con una sonrisa radiante, y una de las pocas razas recomendadas por The Kennel Club y las organizaciones afiliadas a la FCI como segura alrededor de los niños.

Parte del problema que conduce a los conceptos erróneos sobre la raza es que, debido a la cría no regulada desde sus orígenes hasta la actualidad, su composición genética exacta puede ser inconsistente. Hasta años recientes, no existían pedigrís rastreables. Se acepta generalmente que la raza surgió del Bull and Terrier del siglo XIX, que era un cruce de Bulldog y Terrier, criado para el espectáculo público de las peleas de perros. Y cuando esta raza se refinó mediante cría selectiva para convertirse en el Bull Terrier Inglés, el Staffie eventualmente emergió del Bull and Terrier original, siendo reconocido por el Kennel Club inglés recién en 1935, después de lo cual una cría más regulada creó un estándar de raza.

El Staffordshire Bull Terrier, sin embargo, continúa sufriendo de cría casual, lo que no solo lo lleva a estar severamente sobrerrepresentado en los refugios de animales, sino que también resulta en una amplia variación de características físicas y temperamentos. Esto significa que en muchos casos no es posible hacer generalizaciones sobre la raza. No obstante, los consejos proporcionados en este libro toman como modelo el promedio de la raza.

Cabe señalar que en algunos países, particularmente en Estados Unidos, el American Staffordshire Terrier existe como una raza separada, aunque en Europa el Staffordshire Bull Terrier británico es más comúnmente conocido. Aunque ambos tienen antepasados en el Bull and Terrier, y am-

*Foto cortesía de
Karolina Bajer*

bos pueden ser referidos como "Staffie", estas razas no son iguales. Sin embargo, gran parte de los consejos dados en este libro también se aplicarán al primo americano del Staffordshire Bull Terrier.

# Apariencia

El Staffordshire Bull Terrier es una raza de tamaño pequeño a mediano, con una constitución musculosa. Tanto su fuerza física como su fuerza de carácter son desproporcionadas a su modesto tamaño. El Staffie tiene una estructura cuadrada con una postura amplia. Con su pelaje corto, cada detalle de la musculatura del Staffie está definido, lo que lo convierte en un popular perro tradicional de caballeros. Incluso la cabeza del Staffie parece musculosa, con pliegues expresivos entre los ojos y mandíbulas fuertes que forman una sonrisa característica.

Se puede describir al Staffordshire Bull Terrier como un perro de apariencia honesta, habiendo cambiado poco desde el original Bull and Terrier de hace siglos. De hecho, al ser tan similar al Bulldog Inglés Antiguo, que desde entonces ha sido criado hasta ser irreconocible, algunos argumentan que el Staffie se origina únicamente de esa raza en lugar de tener algún Terrier en la mezcla. Sin embargo, debido a la naturaleza no registrada de los orígenes del Staffie, la raza actual tendrá genética mixta, pero los estándares de raza de The Kennel Club y la FCI ayudan a establecer un modelo para la apariencia del perro.

Los Staffies pueden variar mucho en tamaño, pero generalmente miden entre 35 y 40 cm de altura a la cruz. Los Staffordshire Bull Terrier machos son más grandes que las hembras, con un peso de 13 a 17 kg, mientras que las hembras típicamente pesan entre 11 y 16 kg. Hay una amplia variedad de colores de pelaje, incluyendo rojo, leonado, blanco, negro o azul (gris). Otra variación popular, el atigrado, es una combinación cercana de colores de pelo negro y marrón, y puede variar en tono. Da una apariencia de nogal pulido o a veces una raya de tigre. Los Staffies a veces son de un color sólido, pero más comúnmente tienen blanco en el pecho, patas, cabeza o nariz. The Kennel Club y la FCI aceptarán cualquiera de estas amplias variaciones,

Foto cortesía de Karolina Bajer

pero el negro y fuego o el color hígado no son favorecidos en el mundo de las exposiciones.

## Expectativa de Vida

El Staffordshire Bull Terrier típicamente vive más de 12 años, y aunque la raza puede sufrir de una serie de condiciones de salud detalladas en el Capítulo 13, este libro tiene como objetivo ayudar a tu perro a vivir sus años asignados con buena salud y plenitud.

## Personalidad

La característica más llamativa del Staffie es su gran sonrisa, y esto realmente representa el enorme afecto que la raza tiene por su familia humana. El Staffie está lleno de energía y diversión, y la vida nunca es aburrida con un Staffie alrededor. Muchas personas que han tenido Staffies se encariñan tanto con la raza que nunca tendrían otra, lo que demuestra lo incomprendido que es el Staffordshire Bull Terrier en la percepción popular. Los dueños de Staffies también suelen decir que su perro ¡piensa que es humano! Aunque esto puede ser cierto para muchas razas de perros, ilustra el vínculo especial que el Staffie comparte con sus personas. En cuanto a otros perros, sin embargo, al Staffie pueden gustarle o no.

Los Staffies están llenos de energía y exuberancia. Pueden ser demasiado para algunas personas, por lo que se debe considerar cuidadosamente si la familia puede lidiar con una raza tan bulliciosa. En general, las hembras serán más tranquilas que los Staffies machos, y menos reactivas. Sin embargo, si estás seleccionando un cachorro, solo verás su verdadera personalidad emerger a medida que crece, y solo puedes hacer una suposición educada a partir de sus líneas de sangre si tienes un pedigrí registrado. Pero el entrenamiento temprano y la socialización, como se establece en los Capítulos 5, 6 y 7, pueden ayudar a asegurar que la personalidad de tu perro se desarrolle en la dirección correcta. Si adoptas un perro adulto de un refugio, sabes lo que estás obteniendo, ya que el perro habrá tenido una evaluación completa. Sin embargo, es posible que tengas que lidiar con algunos problemas de comportamiento debido a las malas experiencias previas de tu perro o la negligencia en su entrenamiento.

Con tu amor y cuidado, la personalidad alegre innata de tu Staffie surgirá a medida que crezca en confianza y respeto por ti como su persona especial.

# Dentro del hogar

Foto cortesía de Christine Wilson

El Staffordshire Bull Terrier tiene un pelaje fino y está orientado a los humanos, lo que lo hace inadecuado para vivir a tiempo completo fuera en el patio. Preferiría mucho más vivir a tu lado en tu hogar. El problema es que la raza puede ser muy bulliciosa, lo que puede ser un problema en un espacio confinado, especialmente si tienes niños. Además, los Staffies se aburren fácilmente debido a su alta inteligencia y pueden volverse destructivos. Algunos consejos para abordar esto se dan en el Capítulo 5.

Entrenar a un Staffie con jaula desde cachorro es una buena idea con esta raza. Un cachorro llegará a ver su jaula como su espacio seguro. Le ayudará a sentirse seguro, pero al mismo tiempo, también le da a la familia un descanso ocasional de sus travesuras de alta energía. Si has adoptado un perro de rescate que no está acostumbrado a una jaula, es posible que no la acepte de inmediato o incluso nunca, pero hacer que una jaula esté disponible con la puerta abierta como su "guarida" puede llevar a la aceptación.

Puedes leer más sobre cómo preparar tu hogar para un Staffordshire Bull Terrier en el Capítulo 3.

# Fuera del hogar

Ya se ha dicho que los Staffordshire Bull Terriers están llenos de energía, por lo que el acceso a un patio seguro es imprescindible. En tu patio, tu perro podrá desahogarse y participar en comportamientos naturales de perro, así como hacer sus necesidades de manera apropiada.

Los Staffies también necesitan ejercicio regular y la oportunidad de socializar. No son necesariamente naturales en esto, y hacer amigos con otros

*Foto cortesía de
Emma Ceely*

perros puede ser un proceso de aprendizaje. Algunos consejos para esto se dan en el Capítulo 7.

Un problema que muchos dueños de Staffies experimentan fuera del hogar es que cuando pasean a su perro en lugares públicos, algunas personas pueden temer a la raza debido a su reputación negativa y la apariencia bulliciosa del perro. Esto hace que sea doblemente importante con el Staffordshire Bull Terrier que esté entrenado para mostrar al mundo lo bien que se puede comportar la raza. El entrenamiento de obediencia en particular ganará la aprobación pública para tu perro, y algunos consejos se dan en el Capítulo 6. Sin embargo, las clases de obediencia son muy recomendables, ya que combinan el entrenamiento con la oportunidad de socialización en un entorno controlado.

Finalmente, si te encuentras con un perro que tiene problemas de agresión ya sea con extraños u otros perros, es tu responsabilidad legal ponerle un bozal cuando esté en público.

# Requisitos de Ejercicio

*"Tu Stafford amará hacer ejercicio, por lo que desarrollar una rutina semanal consistente es bueno para ellos, así como para tu familia. Recuerda que todos los Staffords pueden ser sensibles al calor y al frío, así que asegúrate de que tengan acceso a mucha agua (NO toda de una vez) en los meses calurosos."*

**Robert Randall**
*Guardstock Staffordshire Bull Terriers*

La exuberancia del Staffordshire Bull Terrier significa que necesita muchas oportunidades para quemar energía en forma de paseos y juegos. Pero es posible caminar demasiado con un Staffie, ya que aunque tiene gran resistencia, es propenso a sobrecalentarse. Los expertos veterinarios y la FCI recomiendan una hora al día para un Staffie adulto. Un cachorro debe ser paseado solo durante 15-30 minutos diarios mientras sus huesos y articulaciones se están desarrollando. Sin embargo, como el Staffordshire Bull Terrier no está naturalmente inclinado a llevarse bien con otros perros, si deseas pasearlo en el parque, necesitará entrenamiento de socialización. Muchos dueños de Staffies encuentran muy beneficiosos los campos para perros seguros para esta raza, ya que sus perros pueden estar sin correa en un entorno seguro. Además, algunos dueños de Staffies participan en de-

Foto cortesía de
Helen Nolan

portes caninos como obediencia y agilidad para enfocar la mente de su perro y mantenerlo en forma. El Staffordshire Bull Terrier es un perro inteligente, por lo que su cerebro necesita ejercicio tanto como su cuerpo; ¡entonces se acurrucará felizmente por la noche y soñará con su día!

# Costos de Mantener un Staffordshire Bull Terrier

El Staffordshire Bull Terrier es una raza de pedigrí, y si estás comprando un cachorro de un criador registrado, puedes esperar pagar más de 1.000 euros. Sin embargo, el costo de por vida de un Staffie de pedigrí probablemente será menor que uno de un criador no profesional, ya que debería haber sido criado para estar libre de enfermedades genéticas y con una conformación saludable.

Si estás adoptando un Staffie de un refugio, todavía tendrás que pagar una tarifa de adopción, que puede ser de varios cientos de euros, y que cubre algunos de los costos que tu perro habrá incurrido, como alojamiento, esterilización, transporte, vacunas, microchip, tratamiento antiparasitario, alimentación y cualquier costo veterinario.

En el día a día, los costos de tu Staffie son promedio. Es una raza pequeña a mediana con un apetito moderado, y aunque la raza puede sufrir de condiciones de salud específicas, los Staffies son generalmente saludables. El seguro veterinario, sin embargo, es una precaución sensata que te ayudará a presupuestar, para que nunca tengas que enfrentar grandes facturas veterinarias por un accidente o enfermedad grave. El seguro de responsabilidad civil también es esencial y generalmente está incluido en el seguro para mascotas.

Algunos de los equipos que necesitarás para tu Staffie se enumeran en el Capítulo 3. Sin embargo, lo que elijas gastar es en gran medida una decisión personal. Aquellos con un presupuesto ajustado pueden optar por comprar solo lo esencial, muchos de los cuales se pueden encontrar de segunda mano. Otros dueños pueden amar consentir a su perro, ya que les da placer hacerlo.

Si estás planeando dar la bienvenida a un Staffie a tu vida, ¡te espera mucha diversión, lealtad indivisa y mucho afecto incondicional! Pero habrá desafíos en el camino. Con un poco de planificación, puedes asegurarte de que el viaje sea lo más suave posible y que tu Staffie crezca para mostrar al mundo que es todo lo que un perro de familia debería ser.

## CAPÍTULO 2
# Historia de la Raza

## Origen de la raza

El Staffordshire Bull Terrier que conocemos hoy como un perro familiar leal tiene sus orígenes en un mundo muy diferente y más brutal. Rastrear sus ancestros más antiguos nos lleva hasta la Inglaterra del siglo XVIII, donde los deportes sangrientos eran una forma de entretenimiento popular.

## El Bull and Terrier

La palabra "Bull" en el nombre del Staffordshire Bull Terrier proviene del Antiguo Bulldog Inglés que formó parte de su mezcla genética. Los Bulldogs fueron criados para hostigar a los toros. Eran intrépidos y se enfrentaban a un toro, supuestamente para ablandar la carne, pero en realidad, el entretenimiento que proporcionaban a una multitud sedienta de sangre era el verdadero atractivo. El hostigamiento de toros y osos llevó a enfrentar perros entre sí en fosos, pero el valor de entretenimiento de dos Bulldogs en una pelea era limitado, ya que el Bulldog estaba diseñado simplemente para "atacar bajo, inmovilizar y sujetar", sin más acción que dos perros agarrándose entre sí. Por ello, se desarrolló una nueva raza de perro de pelea, cruzando el Bulldog con el tenaz Terrier Inglés para lograr una pelea más emocionante, con mayor velocidad y variedad en el ataque. Había varias formas de Terrier en Inglaterra en esa época, criados para cazar alimañas, y ya se reconocía que la introducción de sangre de Bulldog en el Terrier hacía que esta pequeña raza de caza fuera más resistente a las mordeduras que recibiría en su trabajo. Al cruzar el Bulldog y el Terrier para las peleas, se desarrolló una raza intrépida y tenaz conocida como el "Bull and Terrier". Esta nueva raza, que ya no pertenecía a ninguna de las razas fundadoras, fue criada por su "bravura", lo que significa que era combativa y se enfrentaría a cualquier cosa. El Bull and Terrier se convertiría en el ancestro fundador del American Pit Bull Terrier, el Bull Terrier Miniatura, el Bull Terrier Inglés, el American Staffordshire Terrier y el Staffordshire Bull Terrier.

El Bull and Terrier era conocido originalmente por varios nombres diferentes, uno de los cuales era simplemente Bull Terrier. Sin embargo, este

Foto cortesía de
Courtney Ryder

nombre más tarde se asoció con una rama distinta de la raza desarrollada por James Hinks que ahora conocemos como el Bull Terrier Inglés. Esta línea era un cruce entre el Bull and Terrier y el Terrier Blanco Inglés, y originalmente fue criada para ser de color blanco puro. El Bull Terrier Inglés moderno tiene una cabeza curvada distintiva y ojos triangulares. El Staffordshire Bull Terrier, por otro lado, se mantuvo fiel al Bull and Terrier original, al que se parece más que al Bull Terrier Inglés de James Hinks. Sin embargo, más recientemente, se ha introducido sangre de Staffordshire Bull Terrier en el Bull Terrier Inglés para producir otras variantes de color menos susceptibles a los problemas genéticos de una raza blanca pura.

El término Bull and Terrier era bastante amplio, con variaciones regionales dependiendo del linaje local de perros elegidos para el cruce. El Staffordshire Bull Terrier que conocemos hoy se originó a partir del tipo Cradley Heath que tenía más sangre de Bulldog. De hecho, una teoría menos aceptada es que el Staffordshire Bull Terrier no tenía sangre de terrier en absoluto, sino que se derivó de la cría selectiva del Bulldog Inglés Original. Esto es poco probable, dada la exitosa introducción de cualidades de Terrier en la raza Bull and Terrier y la cría no regulada de la época, pero demuestra cómo la genética del Bulldog es más evidente en el Staffordshire Bull Terrier.

En 1835, el hostigamiento de animales se declaró ilegal en el Reino Unido, al igual que las peleas de perros, pero al ser más fáciles de ocultar, estas últimas se convirtieron en el foco principal del entretenimiento de deportes sangrientos, y también fueron populares en los Estados Unidos con la introducción del Bull and Terrier. Además de las apuestas, también se utilizaba para refinar la raza, ya que los perros luchaban hasta la muerte, por lo que solo los más fuertes y aptos sobrevivían. Pero junto con la deseada agresión hacia otros perros, el perro de pelea debía ser confiable con su manejador y el juez. Este rasgo de carácter ha sobrevivido a través de todas las modificaciones de la raza que componen el Staffordshire Bull Terrier actual, que es reconocido por la lealtad que muestra hacia su dueño y su cualidad no agresiva hacia los humanos, aunque todavía puede ser reactivo con otros perros.

# El Staffordshire Bull Terrier Moderno

En 1911, la ley se endureció con respecto a las peleas ilegales de perros en el Reino Unido. Para ese entonces, James Hinks había desarrollado su línea de Bull Terriers a mediados del siglo XIX como una raza de caballeros, y la asociación con las peleas de perros comenzaba a disminuir. No fue hasta la década de 1930 que se desarrolló el Staffordshire Bull Terrier moderno con el objetivo de obtener el reconocimiento del Kennel Club, liderado por los criadores Joseph Dunn y Joe Mallen, quienes fundaron el Cradley Heath Club, un pequeño grupo de trabajadores que se reunían en el Cross Guns en las Midlands Occidentales de Inglaterra, conocida como el País Negro. Entre esta comunidad, las peleas de perros eran un modo de vida, y los perros eran criados para trabajar duro y pelear duro, además de ser símbolos de estatus. Pero estos hombres se tomaban en serio la calidad de sus perros y se propusieron demostrarla en Crufts, ganando premios, certificados de desafío y, en 1935, el reconocimiento por parte del Kennel Club, que aprobó el nombre de Staffordshire Bull Terrier. En 1939, Gentleman Jim se convirtió en el primer Campeón Supremo de Staffordshire Bull Terrier.

El período alrededor de la Segunda Guerra Mundial fue el punto en el que el Staffordshire Bull Terrier se estableció como una raza reconocida, y las líneas modernas de pura raza rastrearán su ascendencia hasta los principales perros reproductores: Fearless Joe (línea J), Game Lad (línea L), Brindle Mick (línea M), Rum Bottle (línea B), Ribchester Bob (línea R) y Cinderbank Beauty a través de Togo (línea C o a veces referida como línea T).

Con la elevación de estatus debido al reconocimiento por parte del Kennel Club, y a través del surgimiento de la raza como un perro familiar y compañero leal en lugar de un perro de pelea, el Staffordshire Bull Terri-

Foto cortesía de
Helena Lehtis

er ha crecido en popularidad en las últimas décadas. No solo el Staffie luce brillante y hermoso, sino que la raza está llena de personalidad y ama a su gente incondicionalmente. Los expertos en razas y los clubes caninos de todo el mundo resumen la transformación del Staffie señalando que la buena reproducción ha transformado a este antiguo gladiador en un compañero suave y juguetón con un cariño especial por los niños. Sin embargo, esta popularidad ha sido tanto positiva como negativa para el Staffordshire Bull Terrier.

# Legislación Específica para la Raza

Al convertirse en una de las razas más populares en el Reino Unido, España y muchos otros países europeos, el Staffordshire Bull Terrier ha sido víctima de su propia popularidad, sufriendo de cría indiscriminada excesiva, cría no registrada de ejemplares de mala calidad, cruces con tipos Pit Bull y una asociación negativa con subculturas antisociales. En consecuencia, la raza ha llegado a estar seriamente sobrerrepresentada en refugios de rescate, con el resultado de que perros no deseados y sin entrenar pueden demostrar comportamientos negativos, y la reputación de la raza se ha visto empañada como resultado.

Debido a esto, algunas organizaciones en el Reino Unido han presionado para que el Staffordshire Bull Terrier sea añadido a la lista de razas prohibidas cubiertas por la Ley de Perros Peligrosos de 1991. Sin embargo, esta idea ha sido constantemente rechazada hasta la fecha. De hecho, The Kennel Club llega a recomendar la raza como una de las pocas adecuadas para estar cerca de los niños.

En toda Europa, la legislación específica para razas varía significativamente entre países, con algunas naciones teniendo restricciones sobre ciertas razas de tipo bull mientras que otras se enfocan en el comportamiento individual del perro más que en la raza. En España, por ejemplo, los perros potencialmente peligrosos están regulados bajo leyes nacionales y regionales, pero el Staffordshire Bull Terrier generalmente no está incluido en estas restricciones cuando está apropiadamente criado y socializado. Sin embargo, con tantas áreas grises en la legislación específica para razas en Europa, el Staffie a veces puede ser malinterpretado y los propietarios deben estar conscientes de las regulaciones locales cuando viajen con sus perros.

# El American Staffordshire Terrier

El American Staffordshire Terrier, más grande, no es el mismo perro que el Staffordshire Bull Terrier inglés, aunque ambos tienen el mismo ancestro británico del siglo XIX en el Bull and Terrier. El American Staffordshire Terrier fue criado a partir del American Pit Bull Terrier, cuyos ancestros provenían del tipo Walsall de Bull and Terriers ingleses, traídos por inmigrantes a los Estados Unidos a mediados del siglo XIX. El American Staffordshire Terrier también es conocido como Amstaff, pero a veces también como Staffie, lo que resulta en cierta confusión entre el Staffordshire Bull Terrier americano e inglés. Aunque el Amstaff no es una raza prohibida en el Reino Unido o los Estados Unidos, puede ser sometido a evaluación bajo la legislación específica para razas si se percibe que tiene apariencia de Pit Bull. Los perros evaluados como Pit Bull pueden ser eximidos y devueltos a sus dueños bajo ciertas restricciones si se puede demostrar que no son agresivos.

Foto cortesía de Karen Kilpatrick

Este libro se centra en el Staffordshire Bull Terrier inglés; sin embargo, gran parte de su contenido también se aplicará a su primo americano.

# Estándar FCI del Staffordshire Bull Terrier

## Estándar FCI N° 76 - STAFFORDSHIRE BULL TERRIER

**Apariencia General:** De pelo liso, bien equilibrado, de gran fuerza para su tamaño. Musculoso, activo y ágil.

**Comportamiento y Temperamento:** Tradicionalmente de coraje indomable y tenacidad. Altamente inteligente y cariñoso especialmente con los niños. Audaz, intrépido y totalmente confiable.

**Cabeza:** Corta.

**Región Craneal:**

Foto cortesía de
Daniel Pickering
Photo by Diamond Dogs Fine Art Pet Photography

- Cráneo: Profundo y ancho.
- Depresión naso-frontal (Stop): Marcada.

**Región Facial:**

- Trufa: Negra.
- Hocico: Antecara corta.
- Mandíbulas/Dientes: Mandíbulas fuertes, dientes grandes, con una mordida en tijera perfecta, regular y completa, es decir, los dientes superiores superponen estrechamente a los inferiores y están implantados perpendicularmente en las mandíbulas.
- Labios: Firmes y limpios.
- Mejillas: Músculos de las mejillas muy pronunciados.

**Ojos:** Preferiblemente oscuros, pero pueden guardar cierta relación con el color del manto. Redondos, de tamaño mediano, y colocados para mirar hacia adelante. Bordes de los párpados oscuros.

**Orejas:** En rosa o semierguidas, no grandes ni pesadas. Orejas completamente caídas o completamente erguidas son altamente indeseables.

**Cuello:** Musculoso, más bien corto, de contorno limpio ensanchándose gradualmente hacia los hombros.

**Cuerpo:**

· Compacto.

· Línea superior: Horizontal.

· Pecho: Frente ancho, pecho profundo, costillas bien arqueadas; musculoso y bien definido.

**Cola:** De longitud mediana, de inserción baja, afinándose hacia la punta y llevada más bien baja. No debe curvarse mucho y puede compararse con el mango de una bomba antigua.

**Miembros Anteriores:**

· Piernas rectas y bien osificadas, colocadas más bien separadas, sin mostrar debilidad en los metacarpos, desde cuyo punto los pies se dirigen ligeramente hacia afuera.

· Hombros: Bien inclinados hacia atrás.

· Codos: Sin holgura.

· Pies anteriores: Bien almohadillados, fuertes y de tamaño mediano. Uñas negras en perros de color sólido.

**Miembros Posteriores:**

· Bien musculados. Piernas paralelas cuando se ven desde atrás.

· Rodillas: Bien anguladas.

· Corvejones: Bien descendidos.

· Pies posteriores: Bien almohadillados, fuertes y de tamaño mediano. Uñas negras en perros de color sólido.

**Movimiento:** Libre, potente y ágil con economía de esfuerzo. Piernas moviéndose en paralelo cuando se ven de frente o de atrás. Impulso perceptible desde los miembros posteriores.

**Pelaje:**

· Pelo: Liso, corto y pegado.

· Color: Rojo, leonado, blanco, negro o azul, o cualquiera de estos colores con blanco. Cualquier tonalidad de atigrado o cualquier tonalidad de atigrado con blanco. Negro y fuego o color hígado son altamente indeseables.

**Tamaño y Peso:**

· Altura deseable a la cruz: 35,5 a 40,5 cm, estando estas alturas relacionadas con los pesos.

· Peso: Machos: 12,7-17 kg. Hembras: 11-15,4 kg

**Faltas:** Cualquier desviación de los puntos antes mencionados debe considerarse una falta y la seriedad con la que debe considerarse la falta debe estar en proporción exacta a su grado y su efecto sobre la salud y el bienestar del perro.

Foto cortesía de Lucy Whitmore

**Faltas Descalificantes:**

· Perros agresivos o excesivamente tímidos.

· Cualquier perro que muestre claramente anomalías físicas o de comportamiento.

**Nota:**

· Los machos deben tener dos testículos aparentemente normales completamente descendidos en el escroto.

· Solamente los perros funcionalmente y clínicamente saludables, con conformación típica de la raza, deberían usarse para la reproducción.

# CAPÍTULO 3
# Preparativos para un Nuevo Perro

Si tú has tenido perros de cualquier raza anteriormente, ya sabrás lo que necesitarás para tu nuevo perro y cómo adaptar tu hogar para la nueva llegada. Pero si este es tu primer perro, es posible que estés ansioso por asegurarte de haber pensado en todo antes de que tu perro llegue, para que se sienta bienvenido y se integre directamente en la vida familiar. Este capítulo te ayudará a preparar tu hogar, con especial consideración al tamaño y temperamento de un Staffordshire Bull Terrier.

## Preparando Tu Hogar para una Mascota

Muchas personas creen, y con razón, que una casa no es un hogar sin un perro. tu Staffordshire Bull Terrier ciertamente traerá mucho amor y diversión a Tu hogar. ¡También ocupará un espacio desproporcionado en relación con su modesto tamaño! La otra consideración, como con cualquier perro, es que pasarán cierta parte del día al aire libre, para hacer ejercicio y para sus necesidades. Por lo tanto, traerán algo del exterior a Tu casa, además de soltar pelo. Afortunadamente, el Staffie no suelta pelo en abundancia, ni tiene un pelaje largo que atraiga la suciedad. Sin embargo, si tú estás acostumbrado a tener una casa impecable, necesitarás aceptar que mantenerla así requerirá mucho más trabajo, o adoptar un estándar de limpieza ligeramente más relajado cuando llegue tu perro. Las expectativas realistas son solo justas para tu perro.

Es perfectamente aceptable mantener ciertas habitaciones fuera del alcance de tu nuevo perro. A muchos dueños les gusta hacer esto, especialmente si tienen niños pequeños y desean mantener un área de juego relajada, segura y libre de perros. Y si tu nuevo perro tiene permitido o no entrar en los dormitorios o subir al piso superior es una cuestión de preferencia. Sin embargo, si tienes niños, puede ser recomendable desde el principio hacer que los dormitorios estén fuera del alcance del perro, para que el perro no se vea a sí mismo por encima de los niños en la jerarquía familiar. Hay más sobre esto en el Capítulo 7. Establecer las reglas básicas desde el principio envía un mensaje claro a tu perro que aceptará naturalmente, en lugar de imponerle nuevas restricciones más adelante. Así que, teniendo esto en cuenta, es posible que necesites invertir en algunas puertas de se-

Foto cortesía de
Helena Lehtis

guridad para separar cualquier parte de tu hogar a la que no desees que tu perro tenga acceso.

Una vez que hayas decidido en qué habitaciones se permitirá estar a tu perro, debes buscar cualquier peligro que pueda presentarse para un nuevo perro, especialmente si estás trayendo a casa un cachorro que masticará todo. Y si tienes objetos preciados, estos deben colocarse fuera del alcance del perro. Los peligros pueden incluir el control remoto del televisor, o cualquier cosa con baterías que puedan ser ingeridas, plantas de interior venenosas, muebles tapizados con relleno que podría ser fácilmente tragado, adornos frágiles, incluso cosas como chocolate, medicamentos o chicles que contengan xilitol que puedan estar por ahí, ya que estos son tóxicos para tu perro.

Deberás decidir si tu perro podrá subirse al sofá o no. A muchos dueños les encanta acurrucarse con sus perros en el sofá, mientras que otros preferirían que su sofá se mantenga limpio. Es una cuestión de elección personal y no hay una opción correcta o incorrecta, pero debes ser consistente desde el principio. Si tu perro tendrá acceso a tu sofá cuando tú no estés, no puedes esperar que resista la tentación en tu ausencia, por lo que la batalla se verá constantemente socavada. Por lo tanto, si deseas entrenar a tu perro para que se mantenga alejado del sofá, necesitarías encerrarlo en una habitación como la cocina, o en un patio seguro, o en su jaula cuando lo dejes solo, al menos hasta que conozca y respete las reglas.

Si estás dispuesto a compartir tu sofá con tu perro, tiene sentido que sea un sofá más antiguo que no te preocupe, y bien hecho para resistir las mordeduras. Los sofás viejos de cuero pueden ser más fáciles de limpiar que los textiles, aunque las fundas sueltas son una buena idea ya que se pueden lavar. A algunas personas les gusta usar mantas para proteger sus muebles.

Del mismo modo, los suelos duros en las habitaciones a las que tu perro tiene acceso facilitarán mucho la limpieza, especialmente en la etapa de entrenamiento para hacer sus necesidades. Sin embargo, si ya tienes alfombra, vale la pena invertir en una máquina limpiadora de alfombras desde el principio. Entonces, cuando tu perro tenga los inevitables pequeños accidentes, pueden limpiarse y desinfectarse rápidamente sin problemas.

Es una gran idea tener una jaula para que tu perro la use dentro del hogar y en un vehículo, de lo cual se habla más en el Capítulo 8. Contrariamente a la opinión de algunas personas, una jaula no es una prisión, sino un santuario para un perro. Puede ser muy reconfortante para un perro tener su propio espacio seguro. Puedes convertir la jaula de tu perro en una guarida acogedora colocando una cama o toallas limpias, y algunos juguetes u objetos seguros para masticar. Si te estás preparando para un cachorro, puede ser muy útil entrenar a tu perro con la jaula desde el principio, porque poder cerrar la puerta de la jaula sin molestar a tu perro significa que puedes dejarlo allí felizmente mientras tú estás fuera, y él estará seguro y no destruirá la casa. Además, si tienes invitados a los que no les gustan los perros, puedes contener a tu amigo de cuatro patas por un tiempo. Además, si alguna vez tienes que dejar a tu perro con un amigo o cuidador de mascotas, él tiene su propio lugar especial donde se instalará para pasar la noche, ¡y no causará molestias!

El entrenamiento con jaula en la etapa de cachorro también facilita el entrenamiento para hacer sus necesidades, ya que los perros están naturalmente dispuestos a mantenerse limpios en su cama, por lo que tu perro contendrá su vejiga e intestinos en su jaula, y hará sus necesidades rápidamente cuando lo dejes salir. Hay más sobre el entrenamiento para hacer sus necesidades en el Capítulo 5.

Si estás adoptando un perro rescatado, posiblemente con cicatrices emocionales, puede que se adapte o no a la jaula en las primeras etapas. Si muestra alguna ansiedad, nunca debe ser encerrado, sino que simplemente debe tener acceso a la jaula como un espacio seguro y acogedor donde tiene una cama, juguetes y objetos para masticar, incluso algún premio ocasional, y puede entrar y salir como le plazca.

Las jaulas de metal son la mejor opción para los Staffordshire Bull Terriers, ya que tanto si estás comprando un cachorro como si estás adoptando un perro rescatado, pueden morder y ser destructivos. Puedes cubrir una jaula de metal con una toalla o manta para hacerla acogedora y mantener fuera las corrientes de aire. Si estás adoptando un Staffie adulto que sabes que no es destructivo, entonces una jaula textil es otra opción.

Si no deseas usar una jaula, o deseas que tu perro duerma en una cama colocada en otro lugar por la noche, ahora es el momento de pensar dónde podrías ponerla. Algunas opciones podrían ser en la sala de estar, en la cocina, en el pasillo, en el rellano del piso superior o en el dormitorio. Esto es una cuestión de elección personal. Puede facilitar la vida en el futuro si tu perro no duerme en el dormitorio; por ejemplo, si te vas y tienes que emplear cuidadores de mascotas o alojar a tu perro en la casa de otra persona. Además, desalienta a tu perro de desafiar la jerarquía familiar si duerme abajo, y mantiene su propio entorno de sueño más limpio. A corto plazo, sin embargo, puedes recibir algunos gemidos o ladridos de protesta por tu elección hasta que se adapte a una rutina.

Si anhelas la compañía de un perro acurrucado en tu propia cama por la noche, es poco probable que tu situación personal y familiar cambie, y tienes un cuidador de mascotas tolerante cuando te vas, entonces esta es una elección que algunos dueños de perros hacen. Sin embargo, no es tan fácil deshacer esta elección más adelante.

Lo siguiente que debes considerar al preparar tu hogar para un nuevo perro es la seguridad de tu patio. Incluso si ya tienes un perro, tu nuevo Staffie puede encontrar formas y medios de escape que no están en el radar de tu perro más antiguo. Por ejemplo, tu Staffie crecerá hasta ser un perro atlético de tamaño mediano, capaz de saltar. Así que las cercas de un metro de altura aproximadamente, que contienen a un perro pequeño, no serán un desafío para tu Staffie, y se recomiendan dos metros. Además, tu Staffie puede cavar, por lo que la cerca debe llegar hasta el suelo. Si estás comprando un cachorro, también podrá colarse por cualquier pequeño hueco o debajo de las puertas, por lo que estos deben bloquearse, y si tienes una valla de empalizada o de estacas, los huecos deben rellenarse con malla de alambre.

*Foto cortesía de Holly Arrow*

# Preparando Tu Hogar para un Perro Guardián

La mayoría de las personas eligen un Staffordshire Bull Terrier como perro de compañía y familiar. El Staffie no es naturalmente agresivo, pero puede parecer intimidante y, por supuesto, la raza todavía tiene una reputación de pelea, por inmerecida que sea. Por estas razones, algunos dueños elegirán un Staffie para protección.

No está dentro del alcance de este libro discutir el uso del Staffordshire Bull Terrier como perro de ataque, que es un campo especializado en el que nunca debe entrar un dueño sin experiencia. Si tus circunstancias requieren tal perro, debes buscar asesoramiento profesional.

Por otro lado, se puede enseñar al Staffie a vigilar una propiedad simplemente ladrando ante la presencia de un intruso. Los Staffies son adecuados para este trabajo porque son muy protectores con sus personas, leales, confiados y fáciles de entrenar. Además, no son agresivos con los humanos, lo cual es una ventaja, ya que cuando un perro ataca y causa daño a otra persona, incluso a un intruso, puede resultar en un proceso penal y el possible sacrificio del perro.

El simple hecho de que tú tengas un Staffie, que es una raza que se sitúa cerca del área gris de la legislación específica de razas, significa que deberías poner un cartel de "Cuidado con el Perro" en tu puerta, incluso si tu perro es un gatito. El cartel y la apariencia musculosa de tu perro pueden disuadir a los intrusos por sí mismos. Aunque parezca insignificante, si un intruso recibiera una mordedura, tú serías menos susceptible de ser procesado si tuvieras un cartel.

Cuando tu perro llegue a casa, como parte adicional de su entrenamiento, le enseñarás tu territorio y técnicas defensivas como ladrar de alerta y montar guardia. Pero es importante que esté bien socializado y tenga mucha exposición a entornos fuera de los límites de tu territorio también.

# Lista de Compras

Para muchos nuevos dueños, un viaje a la tienda de mascotas para comprar todas las cosas que tu nuevo perro necesita es parte de la emocionante preparación para traer a casa a tu nuevo compañero. Otros dueños, sin embargo, pueden tener un presupuesto limitado y ser cuidadosos para comprar solo lo esencial. Si estás trayendo a casa un cachorro, obviamente tu perro crecerá, y algunas de las cosas que comprarás para él en esta etapa pueden no ser adecuadas más adelante.

Foto cortesía de
Ashley Heron

Cuando recojas a tu perro, necesitará llevar consigo un collar y una correa. Alternativamente, puedes llevar una correa de lazo de cuerda, que se coloca sobre la cabeza de tu perro. Esta es una opción popular para un Staffordshire Bull Terrier, ya que se mantiene ajustada en el cuello y es menos probable que el perro se salga de ella como de un collar si está demasiado suelta. Sin embargo, un collar también es importante, ya que puedes colocar una etiqueta de identidad que te ayudará a reunirte con tu perro si se escapa o se pierde. Vale la pena preparar una placa de identificación con tus datos de contacto antes de recoger a tu perro, ya que es más vulnerable a escaparse en las primeras semanas mientras lo conoces. Asegúrate de que el collar tenga un amplio rango de ajuste si estás trayendo un cachorro, ya que crecerá rápido.

Un arnés también es una buena compra, ya que siempre que se ajuste bien, tu perro no podrá escaparse de él cuando esté con la correa. Un arnés también es más amable con el perro que guiarlo desde un collar, ya que si tiras, la tensión se desvía a través del pecho en lugar de forzar los delicados huesos del cuello. En última instancia, sin embargo, tu Staffie será entrenado para caminar bien con una correa suelta y para tener un excelente regreso a la llamada para disfrutar de paseos sin correa. Como accesorio de moda, el Staffordshire Bull Terrier se ve tradicionalmente con un arnés de cuero y, a menudo, con un collar de cuero con tachuelas. Pero mientras sea un cachorro, los productos textiles más suaves con mucha capacidad de ajuste son más adecuados.

No se recomiendan las cadenas de ahorque, aunque el ahorque completo y el medio ahorque puedan tener una asociación tradicional con la raza. Esto se debe a que son severas y, en estos días, el refuerzo positivo se acepta como el mejor método para entrenar a un perro de compañía. Hay más sobre esto en los Capítulos 5 y 6.

Ya se ha mencionado que una jaula es una buena compra, y una jaula de metal resistirá cualquier mordedura o arañazo en los lados. Es posible que desees comprar dos jaulas si también vas a utilizar este método para transportar a tu perro en el coche. Es poco probable que tu Staffie necesite una jaula más grande que el tamaño mediano. Los perros prefieren la sensación de seguridad de una jaula que no sea demasiado grande en comparación con su tamaño. Además, si estás utilizando una jaula para el entrenamiento para hacer sus necesidades, el perro no debe tener tanto espacio que pueda ensuciarse en el otro extremo de la jaula lejos de su cama, ya que eso está derrotando el objetivo. Dicho esto, tu cachorro crecerá rápidamente, por lo que una jaula pequeña puede no durarte mucho tiempo.

Foto cortesía de Lauren Vitalo

Tu perro necesitará una cama a menos que tengas la intención de usar toallas o mantas en su jaula. Al comprar una cama para un cachorro, vale la pena tener en cuenta que masticará durante el primer año de su vida mientras explora su nuevo mundo y sus dientes de leche dan paso a sus dientes adultos. Por lo tanto, una cama de plástico es tu mejor opción, y puedes forrarla con toallas viejas para su comodidad, que pueden lavarse regularmente. Al igual que con la jaula, no elijas nada demasiado grande, ya que a tu cachorro le gustará sentirse seguro. En cualquier caso, cuando alcance su tamaño adulto y haya superado la etapa destructiva, es posible que desees elegir una cama más suave y lujosa para él.

Tu nuevo perro necesitará un recipiente para su comida y otro para su agua. Los recipientes pesados de gres son una buena elección, ya que no pueden volcarse ni empujarse por el suelo. Un recipiente de plástico para viajar también es útil.

Antes de abastecerte de cualquier alimento para tu perro, consulta con el criador o centro de rescate qué está comiendo ya tu perro. Las primeras semanas contigo son un gran cambio en su vida, y vale la pena mantener su dieta consistente en esta etapa para prevenir cualquier malestar estomacal. Si decides cambiarlo a otro alimento en una etapa posterior, asegúrate de introducirlo lentamente combinándolo incrementalmente con su alimento actual.

Si has llegado a la caja de la tienda de mascotas con solo los artículos de esta lista, ¡bien hecho! Hay tal variedad de productos para elegir, y a muchos dueños les encanta consentir a sus perros. Ciertamente no hay nada de malo en eso. Pero tu perro no sabe si sus cosas tienen una etiqueta de diseñador, siempre que sean seguras y limpias, le queden bien y sean adecuadas para su etapa de vida.

¡Ahora que tu casa está lista para tu perro, puedes esperar con ansias el día en que lo traigas a casa!

# CAPÍTULO 4
# Cómo elegir un Staffordshire Bull Terrier

Una vez que hayas decidido que el Staffordshire Bull Terrier es la raza adecuada para ti, necesitarás determinar dónde encontrar a tu nuevo mejor amigo. En términos generales, existen dos enfoques distintos y mucho depende de si deseas un cachorro o preferirías adoptar un perro adulto.

## ¿Comprar o rescatar?

Por lo general, si deseas dar la bienvenida a un cachorro en tu familia, estarás considerando la compra a un criador. Puede haber una excepción a esta regla, dado que los Staffordshire Bull Terrier están excesivamente representados en los centros de rescate. Esto puede ocurrir cuando una hembra preñada es llevada a un centro de rescate, o cuando se encuentran camadas de cachorros abandonadas. Por lo tanto, si te sientes realmente atraído por la idea de adoptar un perro que necesita desesperadamente un hogar, pero realmente deseas un cachorro, vale la pena contactar con los centros de rescate de su zona, ya que podrían tener cachorros de Staffie disponibles. Ten en cuenta, sin embargo, que un cachorro rescatado casi siempre vendrá sin historial, y se desconocerá la salud y el temperamento de los padres. Además, tu cachorro podría no costarte menos que comprarlo a un criador registrado, ya que todos los centros de rescate cobran una tarifa de adopción. Y a largo plazo, cualquier problema derivado de una crianza deficiente podría costarte más.

Muchas personas asumen con gusto el riesgo de adoptar un cachorro rescatado debido a la satisfacción de darle a ese perro una mejor vida, y considerar costos futuros no es un problema. Por otro lado, si prefieres adquirir un ejemplar de características conocidas, o deseas exhibir a tu perro o reproducirlo, comprar un Staffordshire Bull Terrier a un criador registrado es una elección acertada.

Algunas personas prefieren adoptar un perro de mayor edad, especialmente considerando la gran cantidad de Staffies en centros de rescate. Esto puede ser muy gratificante, ya que para muchos de estos perros que

*Foto cortesía de*
*Zoe Butler*

han sido rechazados, todo lo que necesitan es un poco de amor y un entorno hogareño estable para transformar sus vidas. Para otros perros, la tarea puede ser más desafiante. Los Staffies no son agresivos ni desobedientes por naturaleza, pero si han experimentado crueldad o negligencia, puede llevar más tiempo restaurar su confianza. En casos severos, los problemas de comportamiento pueden estar tan arraigados que solo pueden mejorarse hasta cierto punto, más allá del cual deben ser gestionados. Esto puede impactar severamente en la vida del dueño, por lo que no se debe tomar a la ligera la adopción de un perro rescatado. Sin embargo, en la mayoría de los casos, un Staffie rescatado recompensará a su adoptante con una vida de gratitud por darle una segunda oportunidad, ya que los Staffies realmente saben cómo formar un vínculo, más que la mayoría de las otras razas de perros.

# Investigando el establecimiento

*Foto cortesía de Shannon Freeman*

El Staffordshire Bull Terrier es una raza que ha sido objeto de excesiva reproducción, y mucha de esta crianza es casual, accidental y no registrada. Por lo tanto, puedes encontrar cachorros a la venta en internet o anunciados localmente. En algunos casos, incluso podrás ver a los padres. Sin embargo, debes ser muy perspicaz respecto a los criadores clandestinos o las granjas de cachorros que se hacen pasar por dueños respetables que casualmente han tenido una camada de su perro familiar. Pueden mostrarte los cachorros en una sala limpia de una casa familiar, sin que tú seas consciente de las condiciones deplorables en las que mantienen a sus perros sobreexplotados en otro lugar.

Pueden proporcionarte información falsa sobre los padres, y cualquier documentación podría no ser válida. Los perros no estarán registrados si los padres no lo están, y por lo tanto no podrás exhibir a tu perro ni criar una camada registrada con él. Lo más significativo es que tu perro podría portar o desarrollar varias condiciones genéticas que afectan al Staffordshire Bull Terrier. Algunas de estas se describen en el Capítulo 13.

Para evitar encontrarte en esta situación, debes buscar un criador que esté registrado en la Federación Cinológica Internacional o el organismo canino reconocido en tu país. Su sitio web es un buen lugar para comenzar. Alternativamente, la mayoría de los criadores registrados se anuncian en línea, dándote la oportunidad de investigar los perros de ese criador y verificar que tengan las líneas de sangre, apariencia, temperamento y cualidades que estás buscando.

Comprar un Staffie como cachorro significa que tú tienes control total sobre su adiestramiento desde su socialización temprana, pasando por el entrenamiento de obediencia y cualquier otra actividad que puedas tener en mente para tu perro. Tu perro siempre habrá conocido la amabilidad y formará un vínculo temprano contigo como su dueño. Por lo tanto, será un perro estable y probablemente se convertirá en un típico Staffordshire Bull Terrier feliz, leal y de naturaleza gentil.

# Infórmate sobre los padres

Si has identificado un criador registrado o varios criadores en el sitio web de la organización canina reconocida, o en otro lugar en línea, que tienen camadas disponibles o esperadas, entonces estás en una buena posición para investigar a los padres antes incluso de visitar al criador por primera vez. Esto se debe a que los padres con líneas de sangre registradas probablemente han destacado en exposiciones, o su línea de sangre tiene ciertas características distintivas, y estas pueden investigarse en internet.

La crianza según los estándares aprobados por las organizaciones caninas requiere ciertos protocolos para garantizar la salud de los cachorros, y esto implica examinar a los padres para detectar ciertas condiciones hereditarias. Solo aquellos padres que no portan estas condiciones pueden ser utilizados para la reproducción. De esta manera, al comprar a un criador registrado, puedes tener un buen grado de confianza en que tu perro se mantendrá saludable durante una larga vida. Por lo tanto, incluso si su costo de compra es inicialmente más alto, un perro con crianza registrada generalmente te costará menos a largo plazo porque no será un visitante frecuente de la consulta veterinaria.

Comenzando con la madre de los cachorros, debes verificar que no haya estado preñada antes de su tercer celo, y que no tenga más de siete años de edad. Además, no debería haber tenido más de tres camadas. Deberías poder ver a la madre, ya que estará con los cachorros, o al menos en las mismas instalaciones, dependiendo de la etapa del proceso de destete en que se encuentren. Sin embargo, el padre suele ser un perro semental que vive con otro dueño, por lo que a menos que conciertes una cita para visitarlo, es posible que tengas que conformarte con fotografías y copias de su documentación.

Debes pedir al criador que te muestre los certificados de las pruebas de salud y los exámenes que se han realizado a ambos padres. Estas pruebas son opcionales, y el criador debería poder explicarte por qué puede no haber examinado cada condición.

Como mínimo, los padres deberían haber sido evaluados para la displasia de cadera y codo, y haber sido examinados para la catarata hereditaria (HC). Para un Staffordshire Bull Terrier, la puntuación de cadera debería ser

*Foto cortesía de*
*Shanae Rumbel*

inferior a la puntuación media de la raza de 12,9, y la puntuación de codo debería ser lo más baja posible e idealmente 0:0.

También debes preguntar al criador sobre el historial médico de los padres, abuelos y bisabuelos de los cachorros, en caso de que haya otras enfermedades en la línea familiar para las cuales actualmente no hay disponible ninguna prueba genética o de detección. Debes preguntar al criador sobre su política en caso de que tu perro desarrolle alguna enfermedad genética más adelante en su vida. Algunos criadores pueden acordar contribuir a los costos médicos o reembolsar el precio de compra. Como mínimo, un buen criador querrá ser informado si surge alguna condición genética, para mejorar sus decisiones de crianza.

Finalmente, debes examinar el certificado de pedigrí de cinco generaciones del cachorro, buscando casos en los que el mismo nombre aparezca más de una vez. Cuando esto ocurre, es una señal de endogamia, y cualquier debilidad genética puede magnificarse. No es raro que los perros de pedigrí tengan algunos nombres que aparecen más de una vez; sin embargo, se considera una práctica responsable por parte de las organizaciones caninas que la endogamia sea limitada.

# Examinando al cachorro

Los criadores generalmente reciben con agrado las visitas de posibles compradores después de que los cachorros tienen cuatro semanas de edad, con miras a entregar los cachorros alrededor de las diez semanas, cuando están completamente destetados. Inicialmente, los caracteres de los cachorros pueden no ser evidentes, por lo que la primera visita puede no ser el momento para hacer tu selección, pero a las 6-8 semanas podrás ver sus diferentes personalidades. El criador puede desear hacer su propia primera selección personal en esta etapa para continuar la línea de crianza. Otros también pueden haber reservado cachorros antes que tú, así que verifica para evitar decepciones.

A veces, un criador hará su propia elección sobre qué cachorro va a qué dueño en la lista de espera, basándose en su evaluación del carácter del cachorro y el potencial dueño. Hay mucho que decir a favor de este tipo de "matrimonio arreglado"; sin embargo, para la mayoría de las personas, elegir a su cachorro es una experiencia que esperan con ilusión.

Cuando veas una camada, puedes ir con la expectativa de que tu cachorro te elegirá a ti, pero es importante no dejar que tu corazón domine completamente tu cabeza. Recuerda que el cachorro más asertivo que se acerca

Foto cortesía de Holly Arrow

directamente a ti para recibir atención puede resultar ser difícil de manejar, y no tan fácil de adiestrar como un cachorro más educado. Por otro lado, sentirse atraído por simpatía hacia el cachorro tranquilo que no quiere interactuar contigo podría ser un error, especialmente si tienes niños, ya que este cachorro podría resultar ser defensivo y no tan amigable.

Como regla general, optar por el término medio es la elección segura, pero cualquiera que sea el cachorro que llame tu atención, hay una serie de comprobaciones que debes realizar.

Tu cachorro debe ser confiado y amigable, feliz de ser manipulado y curioso ante tu presencia. Se le debe observar jugando alegremente en un entorno limpio con sus compañeros de camada. Pasa algún tiempo con la camada sin sentirte apresurado mientras conoces sus personalidades, luego pregunta al criador si puedes levantar a cualquiera de los que están en tu lista corta y busca lo siguiente.

El cachorro debe estar limpio y seco, ¡sin otro olor que el de cachorro! Su trasero debe estar limpio sin secreciones, y sus orejas y nariz también deben estar limpias, sin costras ni olor. Su piel debe estar limpia sin caspa ni llagas. Sus ojos deben ser claros y brillantes sin secreciones ni inflamación. Echa un vistazo a su barriga para comprobar que no hay hernias, y si es un macho, verifica que tenga dos testículos descendidos, aunque en esta etapa es posible que ambos no hayan bajado, así que esto es solo algo que debes verificar nuevamente antes de llevar a tu cachorro a casa si está afectado.

Cuando creas que has hecho tu elección, pasa un poco de tiempo con tu cachorro alejado del grupo para probar tu conexión emocional con el pequeño personaje que va a pasar el resto de su vida contigo.

Si tu cachorro tiene marcas distintivas, el criador puede no tener problemas para reconocerlo y reservarlo para ti, pero si los cachorros son todos de un color sólido similar, el criador puede ponerle un collar de color a tu cachorro hasta el día en que esté listo para ser recogido.

Recuerda, no estás obligado a elegir un cachorro solo porque has ido a ver una camada, y si tienes alguna duda sobre el criador, los padres o los propios cachorros, debes alejarte y buscar otra camada. Es de vital importancia que te sientas positivo acerca de tu nuevo perro, ya que habrá cambios y sacrificios al traerlo a tu hogar, y el objetivo es que tu perro enriquezca su vida así como tú completas la suya.

# Consideraciones sobre un perro rescatado

Ya se ha dicho que los Staffordshire Bull Terrier son la raza más sobrerrepresentada en los refugios de perros, y si te sientes atraído por el rescate, nunca tendrás problemas para encontrar un Staffie que necesite un buen hogar.

Para la mayoría de estos perros, han sido abandonados sin ser culpa suya. Los Staffies son criados en exceso, muy a menudo indiscriminadamente, y a veces de padres con temperamentos deficientes o problemas de salud. También son una raza de alta energía, especialmente cuando son jóvenes, y su naturaleza bulliciosa puede resultar demasiado para algunos dueños. Desafortunadamente, también son a menudo adoptados por personas que carecen del compromiso para adiestrarlos. Esto es una gran lástima, ya que el Staffie es un perro inteligente y adiestrable, pero como cualquier perro, si se pierde la ventana de adiestramiento y socialización en los primeros meses, desarrollará comportamientos antisociales, y la convivencia con una familia humana puede volverse más desafiante.

En algunos casos, un Staffie en rescate solo puede ser rehabilitado con éxito por un adiestrador profesional o un dueño con experiencia en la raza. Por esta razón, al elegir un Staffie de un refugio, debes dejarse guiar por el refugio o la organización benéfica, ya que conocen el temperamento del perro. Además, la mayoría de los perros llevados a rescate serán probados

*Foto cortesía de Charlene Plevyak*

con niños, gatos y otras mascotas domésticas, y algunos serán acogidos temporalmente antes de ser reubicados para una evaluación más completa. Cualquier organización de reubicación respetable estará comprometida a emparejar a un perro bajo su cuidado con el potencial dueño y el hogar que se ofrece. Un emparejamiento exitoso es importante porque cuando las cosas no funcionan, ese perro ha sido decepcionado una vez más, ha sufrido otro golpe a su confianza y ha retrocedido en su rehabilitación. Además, toda organización debe ofrecer respaldo de rescate, lo que significa que el perro siempre debe ser devuelto al refugio si el hogar no funciona en cualquier etapa. El perro nunca puede ser reubicado de forma independiente.

Una vez que hayas solicitado adoptar un perro de un refugio, generalmente un representante de la organización verificará tu hogar, independientemente de tu nivel de experiencia. Esto es para asegurarse de que vives donde dices, y si alquilas tu propiedad, que tienes permiso para tener un perro. También es para verificar tu situación familiar, para asegurarse de que todos están comprometidos y entienden las implicaciones de adoptar un perro, y para verificar que tu hogar es seguro y adecuado para un Staffordshire Bull Terrier. No es un examen, y cualquier deficiencia como un agujero en la valla no te hará fracasar; es posible que solo tengas que atender cualquier cosa que el verificador del hogar note antes de poder recoger al perro.

Reubicar a un perro no es gratis. El refugio incurre en gastos considerables con cada perro que acoge, por lo que la tarifa de adopción, que puede ascender a varios cientos de euros, se destina a estos gastos y a cosas como la esterilización, vacunas, tratamiento antiparasitario, microchip y cualquier atención médica. La tarifa de adopción también garantiza que los perros no sean vistos como una mercancía gratuita, para ser recogidos con propósitos dudosos como las peleas ilegales de perros. Este es un riesgo muy real para los Staffordshire Bull Terrier, ya que generalmente no son agresivos, por lo que se utilizan comúnmente como perros de cebo. Aquellos que sobreviven a esta prueba a menudo son llevados a rescate con cicatrices físicas y psicológicas.

Si rescatas un Staffordshire Bull Terrier, siempre sabrá que has hecho un acto de gran bondad a un perro desafortunado que ha sido decepcionado por la especie que nació para idolatrar. Lo sabrás porque él nunca te dejará olvidarlo, colmándote con el amor que está en su naturaleza, y una amistad para toda la vida.

# CAPÍTULO 5
# Problemas de Comportamiento y Adiestramiento

*"Todos los Staffords deberían comenzar desde la etapa de cachorro con un buen adiestramiento sólido. El mejor Stafford para tu hogar es un Stafford adiestrado. La obediencia es imprescindible, y asegúrate de obtener lo mejor de tu perro."*

*Robert Randall*
*Guardstock Staffordshire Bull Terriers*

El Staffordshire Bull Terrier está lleno de energía y puede ser obstinado, pero es una raza de perro muy inteligente y adiestrable. En la mayoría de los casos, la aplicación firme y constante del adiestramiento basado en recompensas, también conocido como refuerzo positivo, garantizará que tu Staffie crezca para ser una parte obediente y leal de la familia, y un digno embajador de una raza que con frecuencia es malinterpretada.

Si estás comenzando con un cachorro, y tu pequeño proviene de padres con buenos temperamentos, entonces tienes un excelente punto de partida. Sin embargo, si tu perro no ha tenido un buen comienzo en la vida, es posible que no haya aprendido cómo comportarse entre su nueva manada humana, y ciertos comportamientos negativos pueden haberse arraigado. Este capítulo ofrece algunos consejos sobre cómo adiestrar a tu perro para que se adapte a la vida hogareña. Por lo general, es perfectamente posible adiestrar a tu perro tú mismo, aunque las clases para cachorros son de gran ayuda para la socialización, la orientación experta y el apoyo moral. Si tu perro representa un mayor desafío, nunca debes sentir que has fracasado si recurres a un especialista en comportamiento profesional. Con frecuencia, tu experiencia pronto te ayudará a encaminar a tu perro por la senda correcta. Todo dueño responsable desea lo mejor para su Staffordshire Bull Terrier, y ayudarlo a aprender un comportamiento aceptable es el mayor favor que puedes hacer por tu perro, asegurándote de que nunca se convierta en otra estadística en los refugios de animales.

*Foto cortesía de Jason Lee*

# Entrenamiento para Hacer sus Necesidades

Enseñar a tu perro a hacer sus necesidades fuera de casa será lo primero que deberás enseñarle si acabas de traer a casa un cachorro de diez semanas. Sin embargo, si has adoptado un perro mayor, existe la posibilidad de que también debas enseñarle a hacer sus necesidades en el exterior, especialmente si ha estado previamente en una perrera y nunca ha vivido en un hogar familiar. Readiestrar a un perro mayor puede ser más desafiante, ya que debes superar comportamientos arraigados, pero un perro adulto al menos tiene control físico sobre su vejiga e intestinos, algo que un cachorro joven todavía está en proceso de desarrollar.

En cualquiera de estas situaciones, debes aprovechar el hecho de que todos los perros tienen un instinto innato para mantener limpia su área de descanso. Si un perro ensucia regularmente su cama, debería ver a un veterinario, ya que podría tener un problema físico. Incluso confinado en una perrera o jaula, un perro hará sus necesidades en el extremo opuesto. Esta es una de las razones por las que, si estás adiestrando a tu cachorro con jaula, no debes conseguir una demasiado grande, ya que necesitas que vea toda la jaula como su cama, y contener su vejiga e intestinos hasta que tú lo dejes salir al patio. No hace falta decir que esto debe ser en intervalos fre-

*Foto cortesía de Brooke Downey*

cuentes mientras es joven y su control no está completamente desarrollado. De lo contrario, accidentalmente ensuciará su cama, lo que te causará angustia y retrasará su adiestramiento.

Si no estás utilizando una jaula para el adiestramiento, aún necesitas dejar salir a tu cachorro al patio con mucha frecuencia, para prevenir cualquier accidente en el interior. Establecer una rutina regular ayudará, y siempre deja salir a tu cachorro al despertar, después de comer y antes de acostarte. Cuando tu perro esté afuera, simplemente debes observarlo y reconocer cuándo está a punto de hacer sus necesidades. No todos los cachorros machos levantarán la pata en los primeros meses, así que, al igual que con una hembra, busca la intención de agacharse, y luego usa tu palabra de comando, "baño" o "pipí" o cualquier palabra que desees utilizar. Entonces tendrás toda la justificación para elogiar profusamente a tu perro por hacer lo correcto, y pronto aprenderá a asociar la palabra con la acción, y a hacer sus necesidades bajo un comando, lo cual es extremadamente útil cuando deseas que tu perro esté cómodo antes de salir, o a última hora de la noche.

Si tu perro tiene un accidente en la casa, lo cual es inevitable, nunca debes hacer un escándalo, a menos que sorprendas a tu perro en el acto, en cuyo caso debes llevarlo rápidamente al exterior para dejar claro que el patio es el lugar para hacer sus necesidades. Reprender a tu perro cuando encuentras una mancha húmeda en la alfombra solo lo confundirá, ya que no hará la asociación si lo hizo hace un tiempo. Incluso podría provocarle incontinencia por estrés si lo castigas por hacer sus necesidades accidentalmente en el interior, lo cual es contraproducente. Simplemente debes limpiar el área a fondo con un producto neutralizador de amoníaco o una limpiadora de alfombras si tienes una, para asegurarte de que el perro no sea atraído por el olor para ensuciar la misma área.

Si tienes un perro macho, es posible que tengas que lidiar con el marcaje territorial en el hogar, lo cual es extremadamente desagradable y antihigiénico. Castrar a tu perro generalmente eliminará o reducirá este comportamiento.

Si tienes un perro adulto que ha sido previamente educado para hacer sus necesidades fuera, pero de repente comienzas a ensuciar la casa, debes considerar dos posibilidades. ¿Ha habido algo perturbador para el perro que esté causando una reacción de estrés? ¿O tiene el perro un problema físico, como una infección de vejiga, o en el caso de una hembra esterilizada, un aflojamiento del esfínter urinario, como se discute en el Capítulo 12? Ambas condiciones requieren atención veterinaria, pero generalmente son fácilmente tratables.

Foto cortesía de
Jashvir Singh

# Masticación y Comportamiento Destructivo

*"Los Staffords son 'mordedores', estate preparado para enseñar a tu perro que está mal masticar y morder tus talones. Son increíblemente inteligentes y aprenderán rápidamente a no hacer esto, pero depende de ti adiestrarlo."*

**Teri Keetch**
*Dyna Staffs*

Si tu Staffordshire Bull Terrier es un cachorro, masticar es un comportamiento completamente natural para él. Es parte de explorar su nuevo mundo, y también alivia la incomodidad de la dentición. Entre los tres y seis meses de edad, tu cachorro perderá gradualmente todos sus 28 dientes de leche, y estos serán reemplazados por 42 dientes adultos. Es en este momento cuando hay dientes adicionales empujando a través de las encías, así como dientes más grandes reemplazando los de los alvéolos de leche. No es sorprendente que tu cachorro Staffie esté constantemente consciente de su boca durante este período, y masticará indiscriminadamente. Como dueño, el truco para mantenerse un paso adelante es retirar tantos objetos como sea posible que no desees que mastique, y reemplazarlos con objetos que pueda masticar de manera segura. En el capítulo 10 sobre salud dental se ofrecen algunas sugerencias, pero opciones populares son las astas de ciervo (que no se astillarán como los huesos), un Nylabone® (masticador de nylon resistente), y un Kong® de goma, que también puede mantener ocupado a tu perro si se rellena con un bocadillo sabroso como paté, mantequilla de cacahuate sin xilitol, o parte de su ración diaria de croquetas.

A los perros mayores que todavía les gusta masticar se les puede dar un masticador dental comercial, una oreja de cerdo seca, varios productos de vísceras secas, o un hueso fresco (nunca cocido). Sin embargo, supervisa a tu perro con masticadores que se descomponen, en caso de que una parte de cualquiera de estos se astille o se aloje en la garganta.

Si sorprendes a tu perro masticando algo que no debería, como tu zapato, debes retirarlo con un firme "no", pero siempre reemplazarlo con un masticador aprobado. Esto se debe a que masticar no es un mal comportamiento, es natural. Sin embargo, tu perro necesita aprender qué es apropiado para masticar y qué debe dejar en paz.

Desafortunadamente, los Staffordshire Bull Terriers pueden ser propensos al comportamiento destructivo, ya que tienen mucha energía y se aburren fácilmente. Si tú eres muy cuidadoso con tu casa, el Staffie puede no ser la raza para ti, o podrías considerar una "habitación para desastres" para tu perro, donde no guardes cosas de valor. Sin embargo, si tu perro solo es destructivo en tu ausencia, a pesar de dejarlo con masticadores y juguetes seguros, esto puede ser un signo de ansiedad por separación, que se discute a continuación.

# Ansiedad por Separación

Tu Staffie no nació para estar solo. Fue criado por su madre en una manada con sus hermanos, y cuando tú llegaste, llenaste ese vacío recién creado en su vida, y te convertiste en su mundo. Es natural que no quiera alejarse de tu lado. Sin embargo, la vida no funciona así, y a veces tu perro necesitará quedarse solo en casa. Si tu perro maneja esto con facilidad o no, tiene mucho que ver con su temperamento. Sin embargo, puedes enseñarle a sentirse tranquilo y asentado cuando tú no estás allí, dándole la confianza de que siempre regresarás.

Si estás adiestrando a tu cachorro con jaula, tienes una ventaja, porque cuando estás fuera de casa, sabes que tu perro no está destruyendo la casa; el mayor daño que puede hacer es a su cama. Pero no quieres que se sienta tan estresado como para destrozar su cama, así que debes comenzar a enseñarle a quedarse solo dejándolo por un tiempo muy corto, inicialmente solo unos minutos.

Asegúrate siempre de que tu perro esté cómodo antes de dejarlo y que haya salido al exterior para hacer sus necesidades. Puedes dejarlo con un masticador seguro e indestructible para distraerlo, y a algunos dueños les gusta dejar la radio o la televisión encendida para enmascarar ruidos externos.

No hagas un escándalo cuando dejes a tu perro. Debes ignorarlo al salir y al regresar. De lo contrario, pensará que quedarse solo es algo importante, pero al restarle importancia, le dices que no hay nada de qué preocuparse. Si escuchas a tu perro lloriquear, no regreses por la puerta hasta que esté tranquilo. Luego regresa silenciosamente por la puerta y deja salir a tu perro al patio. Una vez que esté tranquilo, puedes darle una palmadita y decirle que es un buen chico.

Aumenta gradualmente el tiempo que dejas solo a tu perro. No debes dejar a un cachorro joven por más de un par de horas, ya que necesitará hacer sus necesidades, y ensuciar en el interior retrasará su adiestramiento. Un perro adulto no debe quedarse solo por más de cuatro horas. Si necesitas estar fuera por más tiempo, deberías contratar a alguien para que entre y deje salir a tu perro para un descanso.

Si vives en un lugar donde el clima es lo suficientemente favorable como para que tu perro viva en el patio mientras tú estás fuera, y tu patio es seguro, eventualmente podrías dejarlo por períodos más largos, ya que es libre de hacer sus necesidades cuando lo necesite. Sin embargo, tu vínculo no se ve favorecido dejándolo por largos períodos; todavía necesita compañía.

Si has adoptado un perro con ansiedad por separación severa, esto debería haber sido señalado por el refugio, ya que los perros gravemente afectados pueden necesitar a alguien cerca todo el tiempo y no pueden ser ubicados donde el dueño está fuera trabajando durante el día. El Staffie es una raza que prefiere mucho la compañía humana a la de otros perros, pero si tu Staffie es sociable y 100% no agresivo con otros perros, podrías considerar conseguirle otro compañero no dominante, pero idealmente no dos machos. Si los problemas persisten, vale la pena consultar a un especialista en comportamiento profesional para que examine tu situación individual y utilice su experiencia para aconsejarte cómo puedes ayudar mejor a tu perro.

Construir la confianza de tu perro es parte de convertirlo en un perro tranquilo y feliz, y este es un proceso gradual. Mantente constante, y tu perro aprenderá lo que se espera de él, y que tú nunca le fallarás.

# Llamada de Regreso

Uno de los atributos más fuertes del Staffordshire Bull Terrier que trabaja a tu favor durante el adiestramiento de llamada de regreso es el hecho de que a tu Staffie simplemente le encantan los humanos, por lo que estar contigo es lo mejor para él, y a diferencia de muchas otras razas, ¡escapar simplemente no está en su radar!

Dicho esto, estar al aire libre es emocionante para tu perro. Hay muchas vistas y olores nuevos, y si está en un parque puede haber otros perros y personas. Los Staffies están llenos de energía y se estimulan fácilmente, así que en vista de estos desafíos, debes asegurarte de que estar cerca de ti sea aún más emocionante que las otras cosas que compiten por la atención de tu perro. Una voz animada y excitada es imprescindible, y algunos bocadillos sabrosos en tu bolsillo también ayudarán. Sin embargo, estás al aire libre para que tu perro también pueda disfrutar y explorar su entorno, por lo que debes poder darle permiso a para que se aleje de tu lado, y también poder llamarlo de vuelta de manera confiable.

Dar a tu perro la orden de "libre" mientras lo envías lejos te pone a ti en control de su movimiento libre, para que no pierdas completamente su atención y puedas llamar a tu perro de vuelta más fácilmente. En las etapas de adiestramiento, debes llamar a tu perro con frecuencia, y recompensarlo cuando regrese a tu lado con un premio o elogio. Además, no camines en línea recta, sino que debes cambiar de dirección constantemente, para hacer que tu perro mantenga su atención en ti. Llevar una pelota puede ayudar a mantener la atención de tu perro en ti, ya que a los Staffies les encanta jugar. Sin embargo, no debes jugar a la pelota ni sobreexigir a un cachorro joven, ya que sus articulaciones y huesos todavía son blandos.

Si tu perro se escapa, nunca lo regañes a su regreso, o asociará volver con ser reprendido. El adiestramiento temprano de llamada de regreso debe realizarse en un entorno seguro y cerrado, como un patio, campo o parque con vallas seguras, y lejos del tráfico y otros perros. Si tu perro resulta más desafiante, puedes considerar una línea larga de adiestramiento conectada a un arnés (nunca a un collar), para ayudar a tu perro a aprender a respetar tu rango. Estas líneas largas se utilizan mejor lejos de otras personas, ya que pueden causar enredos.

Enseñar a tu perro una buena llamada de regreso es una alta prioridad con el Staffordshire Bull Terrier, especialmente si planeas pasearlo en áreas públicas, ya que muchas personas, especialmente niños y algunos padres, son cautelosos con la raza, por injusto que sea. Además, los Staffies pueden ser reactivos con otros perros, lo que se discute en el Capítulo 7. Ser capaz de controlar a tu perro es la mejor manera de mostrar al mundo que los Staffies no merecen su reputación, además de asegurar que todos puedan disfrutar de su tiempo al aire libre.

# Persecución de Coches

No todas las razas de perros perseguirán coches, pero este comportamiento peligroso se observa a menudo en los Staffies, ya que son muy enérgicos y se sienten atraídos por objetos en movimiento. No hace falta decir que ningún perro debe estar sin correa cerca del tráfico a menos que sea completamente confiable. Pero algunos perros pueden estar sueltos en su propio patio delantero cuando pasa un coche, y se sentirán atraídos a perseguirlo. La respuesta obvia es mantener siempre a tu perro detrás de una valla segura. Sin embargo, como todos somos falibles, y tu perro a veces puede encontrarse sin correa cuando pasa un coche, si es propenso a este comportamiento, necesita aprender la orden "deja".

Puedes prepararte para esto poniendo a tu perro con correa y lanzándole un juguete. Su instinto es ir por el juguete, pero inmediatamente después de haberlo lanzado, tú dices firmemente "deja", y mantienes la correa tensa. Premia y elogia a tu perro por quedarse a tu lado. De esta manera, estás enseñando a tu perro a anular su instinto de persecución.

Desarrolla esto hasta tener a un amigo corriendo o pasando en bicicleta, ya que los perseguidores de coches generalmente también se sienten atraídos a perseguir a corredores y ciclistas. Dile a tu perro "deja", y restrínjelo con la correa, aunque darle algo de holgura le permite tomar la decisión por su propia voluntad en esta etapa. Recompénsalo por su buen comportamiento, y sigue practicando hasta que sea confiable el 100% del tiempo.

Foto cortesía de Helen Nolan

# Excavar

Excavar es parte del ADN de cualquier perro, pero desafortunadamente el Staffordshire Bull Terrier puede ser un excavador muy determinado, debido a sus altos niveles de energía y bajo umbral de aburrimiento. El Staffie también es un perro fuerte y musculoso, por lo que en poco tiempo puede hacer un agujero grande, y si elige hacerlo debajo de la valla de tu patio, pronto tendrá una ruta de escape si está afuera sin supervisión.

Hay cuatro enfoques para controlar el comportamiento de excavación en tu Staffordshire Bull Terrier, y estos son supervisión, redirección, distracción y prevención.

Como no puedes desprogramar el instinto de tu perro para excavar, necesitas ser más astuto que él desviando su comportamiento de excavación a un área aceptable y no debajo de tu valla o en tu borde de flores. Elige un lugar y excávalo para romper la superficie, o agrega arena para hacer un arenero, o entierra algunas cosas que disfrutará encontrando. Ahora supervisa a tu perro, y cuando lo sorprendas excavando en otro lugar, llévalo rápidamente a tu área de excavación designada. Con suerte, encontrará que excavar en este lugar es mucho más gratificante, y con el tiempo entenderá la diferencia entre lugares aceptables e inaceptables para ejercer su impulso de excavar.

A los Staffies les gusta excavar porque alivia el aburrimiento, pero también porque sus instintos primitivos le dicen que la comida enterrada se conserva más tiempo y está a salvo de otros depredadores. Por esta razón, a un perro que excava no se le deben dar huesos sin supervisión, ya que instintivamente querrá enterrarlos. Sin embargo, si entierras un hueso en su área de excavación designada, puede ser muy gratificante para él, siempre y cuando supervises para asegurarte de que no se vaya a re-enterrarlo en otro lugar.

Puedes distraer a tu perro de excavar por aburrimiento proporcionándole entretenimiento alternativo, como juguetes de actividad como un Kong® relleno con algo sabroso, o un masticador seguro. No lo dejes con una pelota, ¡ya que obviamente querrá enterrarla!

Para evitar que tu perro excave en lugares inaceptables, es posible que debas considerar enterrar los paneles de tu valla uno o dos pies en el suelo, pero otro enfoque es colocar malla de gallinero o rocas semienterradas a lo largo de la base de tu valla, ya que esto actuará como un elemento disuasorio. Hay productos en el mercado destinados a disuadir a los perros de excavar en un lugar favorito, pero otros elementos disuasorios de baja tecnología incluyen salsa de chile o incluso excrementos de perro enterrados. Sin embargo, ¡no hay forma de prever al perro que realmente le gusta el sabor de estas cosas!

Como con todo adiestramiento, la clave es mantenerlo positivo y constante. No castigues a tu perro por un comportamiento natural de perro, e intenta anticipar cómo funciona su mente para mantenerte un paso adelante de él.

# Mordeduras

Al igual que masticar, morder es un comportamiento natural para un cachorro, pero es de vital importancia que tu cachorro aprenda la inhibición de mordida durante su adiestramiento temprano, ya que un perro que se ha perdido esta lección puede continuar usando la mordida como una acción defensiva. No solo puede causar lesiones, sino que no hace nada para rehabilitar la reputación del Staffordshire Bull Terrier.

Si tienes la fortuna de comenzar desde cero con un cachorro, encontrarás que quiere mordisquear tus manos todo el tiempo, y a veces puede dar un mordisco. Cuando juegan con sus compañeros de camada, los cachorros chillarán fuertemente cuando otro los mordisquee, y esto significa que se han pasado de la raya. Tú necesitas hacer lo mismo. Además, debes reforzar el punto privando a tu cachorro de lo que quiere, tu atención. Dale la espalda a tu cachorro cuando te mordisquee, luego vuelve a jugar cuando se calme.

Además, para adiestrar a un perro a dejar de mordisquear, puedes sostener un premio en tu mano cerrada sin soltarlo mientras la mordisquea, luego abrirla solo cuando tu perro aleje su nariz. Aprenderá que no obtiene lo que quiere mordisqueando tu mano.

Este comportamiento no debería ser evidente en un perro adulto, pero algunos perros que no han aprendido la inhibición de mordida como cachorros pueden demostrar mordeduras agresivas, lo cual es un problema de comportamiento serio. Incluso puede llevar al sacrificio del perro, por lo que debe abordarse.

Los perros que muerden por miedo o agresión generalmente muestran señales de advertencia, como rigidez o un retroceso de los labios, pero los niños podrían no reconocer estas señales para retroceder. Se debe buscar un especialista en comportamiento si tu perro demuestra mordeduras agresivas, y siempre debe estar con bozal en público.

# Coprofagia

La coprofagia, también conocida como coprofilia, es un hábito particularmente desagradable común entre los Staffies, así como algunas otras razas. Significa que comerán sus propias heces, o las de otros perros, gatos o fauna silvestre. Desafortunadamente, ningún estudio científico ha encontrado aún la respuesta definitiva para este comportamiento repugnante, aunque las teorías van desde deficiencias dietéticas, hasta un instinto primario para limpiar, reequilibrar su microbioma, o simple codicia y la adquisición de un apetito desagradable. Y dado que no entendemos la razón de la coprofagia, no podemos prevenirla, por lo tanto, tenemos que manejarla.

La respuesta, si a tu perro le gusta comer excrementos, es asegurarte en la medida de lo posible de que no tenga acceso a ellos. Esto significa mantener el patio limpio y estar vigilante cuando sale a pasear, especialmente si se le permite estar sin correa.

Si tu perro disfruta de los excrementos de manera regular, entonces es probable que tenga una mayor carga de parásitos intestinales que el Staffordshire Bull Terrier promedio. Por lo tanto, debe ser desparasitado con una tableta para tenias cada tres meses, además de recibir un tratamiento mensual para lombrices redondas y otros ascáridos.

Los tipos de problemas de comportamiento que encontrarás en tu viaje con tu Staffie pueden variar desde manejar sus instintos naturales, hasta problemas inaceptables que solo pueden abordarse con ayuda profesional. También encontrarás una amplia gama de estrategias de asesoramiento ofrecidas por amigos, libros, televisión y en línea, por lo que si un método falla, siempre habrá otros enfoques para probar. El refuerzo positivo es la clave, así como la aplicación constante y firme, con un Staffie de mentalidad fuerte. No hay nada más gratificante que el orgullo que puedes sentir por un Staffordshire Bull Terrier bien educado.

# CAPÍTULO 6
# **Adiestramiento de Obediencia**

*"Los Staffords son sumamente inteligentes y fáciles de adiestrar. Están ansiosos por complacer y sus sentimientos se hieren fácilmente si sienten que te han decepcionado. La consistencia en tus palabras y elogios es todo lo que necesitan para captar rápidamente lo que tu persona espera de ellos."*

**Teri Keetch**
*Dyna Staffs*

El Staffordshire Bull Terrier puede ser una raza obstinada; sin embargo, los Staffies son muy inteligentes y creen que son humanos, por lo que con un adiestramiento firme y constante pueden volverse altamente obedientes. Hay algo muy satisfactorio en tener un Staffie obediente, ya que tú sabes que tu perro está ayudando a desmantelar la injusta reputación de la raza cada vez que conoces a una nueva persona. Un perro obediente también representa menos peligro para otros o para sí mismo, y es más capaz de vivir armoniosamente en el hogar familiar. Por lo tanto, dedicar tiempo al adiestramiento en una etapa temprana es el mejor favor que puedes hacer por tu nuevo cachorro Staffie, ya que la ventana vital de adiestramiento está en los primeros seis meses antes de la adolescencia. Inscribir a tu cachorro en clases de socialización tan pronto como haya completado su primer ciclo de vacunas lo llevará a clases de obediencia, y aunque tú hayas tenido perros anteriormente, puede ser útil contar con el apoyo moral de otros dueños y asesoramiento experto durante el adiestramiento de tu cachorro Staffie. También es más divertido y establece una rutina que es más fácil de mantener.

Si has adoptado un perro mayor que no ha tenido la fortuna de recibir adiestramiento de obediencia temprano, puedes encontrar el trabajo más desafiante. Sin embargo, las clases de obediencia no son solo para cachorros. Siempre que tu perro esté vacunado y no sea agresivo, será bienvenido a unirse a una clase. Alternativamente, si estás teniendo dificultades con tu adiestramiento, puedes considerar sesiones individuales con un especialista en comportamiento. Por muy desobediente que sea tu perro cuando lo adoptes por primera vez, habrá técnicas que puedes utilizar para mejorar su obediencia, y un especialista en comportamiento podrá identificar qué motiva a tu perro en particular.

Los métodos severos y a veces crueles de adiestramiento de obediencia utilizados en el pasado han caído en desuso en los últimos tiempos, porque no crean un vínculo de confianza entre el dueño y el perro. Hoy en día, los perros se adiestran utilizando métodos de refuerzo positivo, que recompensan al perro por una respuesta correcta.

El refuerzo positivo generalmente utiliza una golosina para recompensar el comportamiento correcto, y esto puede ser un pequeño trozo de algo irresistible como salchicha, o una pequeña golosina de adiestramiento de tu tienda de mascotas, o chips de hígado seco caseros. Solo asegúrate de ajustar la ración diaria de comida de tu perro en consecuencia. Algunos perros que no se motivan con la comida pueden responder mejor a un juguete favorito. Algunas clases también utilizan un clicker para reforzar el comportamiento correcto, que eventualmente puede usarse sin la golosina. Al igual que el "Perro de Pavlov", el refuerzo positivo utiliza el "condicionamien-

Foto cortesía de
Lucy Brazier

to asociativo", por lo que con la repetición constante, el perro sabe exactamente qué hacer ante una orden al asociar palabra y acción.

Existen muchos enfoques diferentes para el adiestramiento de obediencia, y las siguientes secciones solo dan un ejemplo para enseñar los comandos básicos. Si te han enseñado una forma diferente en las clases, siempre que esté funcionando y sigas el método de refuerzo positivo, debes mantenerla, ya que tu perro aprecia la consistencia para evitar confusiones.

## Cómo Enseñar a Sentarse

Como preliminar para enseñar "Sentado", primero debes enseñar a tu perro el comando "Mírame", porque sin la atención completa de tu perro estás librando una batalla perdida, y los Staffies se distraen fácilmente.

La mayoría de los Staffies se motivan con golosinas sabrosas, especialmente si tienes algo particularmente delicioso en tu mano cerrada. No recompenses a tu perro por arañar tu mano, pero cuando estés haciendo contacto visual solamente, debes decir rápidamente "Mírame" y darle la golosina. Inicialmente, no debes utilizar ningún comando nuevo para provocar una acción, sino solo cuando el perro esté realizando activamente la acción que tú requieres. Esto se debe a que necesita asociar la palabra con la acción correcta. A medida que repites el ejercicio y tu perro mejora, puedes separar el comando de la acción diciendo "Mírame" como una señal para que tu perro se quede quieto y haga contacto visual.

Entonces, una vez que tienes la atención de tu perro, y él ahora sabe que puede ganar golosinas haciendo lo que tú le pides, muéstrale la golosina en tu mano acercándola a tu nariz, y luego levanta tu mano. La nariz de tu perro seguirá la golosina, y sus cuartos traseros se bajarán instintivamente.

Has creado la posición de "Sentado" en tu perro sin que él sea consciente de ello, por lo que ahora necesitas asociar la palabra "Sentado" con la acción. Así que solo cuando los cuartos traseros de tu perro comiencen a bajar debe usar la palabra "Sentado". Recompensa a tu perro, permítele ponerse de pie y repite el proceso muchas veces.

Siempre que tu perro permanezca concentrado, puedes separar la palabra de la acción para convertirla en una señal consciente diciéndole a tu perro "Sentado" mientras todavía está en posición de pie.

Es muy importante terminar la sesión con una nota positiva con una respuesta correcta, y mantener las sesiones de adiestramiento cortas, porque

Foto cortesía de
Lucy Whitmore

una vez que tu perro pierde la concentración, retrasará el proceso de aprendizaje. Poco y a menudo es la clave del éxito.

## Cómo Enseñar a Quedarse Quieto

Una vez que tu Staffie sabe cómo sentarse con el comando, necesita aprender que todavía está bajo tu control, y no se le permite levantarse a menos que tú lo permitas. Esto puede ser un desafío para un Staffordshire Bull Terrier bullicioso. Así que no esperes demasiado de él demasiado pronto, ya que el tiempo que puedes esperar que permanezca quieto deberá aumentarse gradualmente.

Junto con la palabra "Quieto", necesitas enseñar el comando "Libre" para liberar a tu perro de la posición. Cuando primero haces que tu perro se siente, todavía tienes toda su atención, ya que está esperando una golosina. Por lo tanto, necesitas retrasar la golosina por solo unos segundos, y mientras está tranquilo y expectante, usa la palabra de comando "Quieto", porque está activamente quedándose quieto.

Cuando le das la golosina a tu perro, es probable que se levante, por lo que necesitas asociar esta liberación con la palabra "Libre", y mientras das la golosina y dices "Libre", debes alejar al perro del lugar con un movimiento semicircular de tu mano, luego permitirle la golosina. De esta manera, estás quitando cualquier decisión de tu perro y permaneciendo como controlador de sus acciones, lo que es importante en la mente de tu perro, ya que necesita aprender a siempre deferir a tus comandos para ser un perro obediente.

Repite el proceso varias veces para reforzarlo, extendiendo gradualmente el tiempo que puedes mantener la atención de tu perro en "Quieto". Como hemos dicho anteriormente, no extiendas la sesión

*Foto cortesía de*
*Daniel Pickering*

más allá del lapso de concentración de tu perro, y siempre termina con una nota positiva.

# Cómo Enseñar a Echarse

Enseñar "Echado" adopta el mismo principio que enseñar "Sentado". Es decir, tú animas a tu perro a la posición corporal correcta por la forma en que usas la golosina para guiar su acción.

Ahora que tu perro también entiende "Quieto" y no simplemente se levanta tan pronto como se ha sentado para ti, está listo para aprender a echarse, lo que siempre impresiona a tus visitantes y les muestra un Staffie en su mejor comportamiento.

Con tu perro en "Sentado", dile a tu perro "Quieto" para que su atención siga completamente en ti en anticipación de la rec-

*Foto cortesía de Megan Murray*

ompensa. Luego debes llevar tu mano que contiene la golosina al suelo entre las patas delanteras de tu perro. Su cabeza y cuello seguirán tu mano, por lo que lleva la golosina a lo largo del suelo hacia ti. Al hacer esto, las patas delanteras de tu perro se arrastrarán por el suelo siguiendo la golosina e instintivamente bajará sus hombros al suelo, creando la posición de "Echado". Cuando sus codos lleguen al suelo, usa el comando "Echado" y recompense a tu perro. Ahora puedes liberarlo con el comando "Libre".

Otra técnica, si encuentras que los cuartos traseros de tu perro se levantan mientras sus patas delanteras bajan, es usar tu brazo libre como una barra de limbo a través de su espalda, y continuar atrayendo la golosina hacia ti. A medida que su cuerpo se arrastra hacia la golosina, se verá obligado a bajar sus cuartos traseros bajo tu brazo.

Continúe con tantas repeticiones como permita el lapso de concentración de tu perro, y practica todos los días para reforzar el mensaje.

# Cómo Enseñar a Caminar con Correa

Los Staffordshire Bull Terrier son de tamaño mediano, pero son muy enérgicos, fuertes y musculosos. Por lo tanto, si no se les enseña a caminar correctamente con una correa suelta, son muy capaces de derribar a su manejador o arrastrarlo por la calle. Esto es inseguro e inaceptable, por lo que enseñar a tu perro a caminar con correa es una alta prioridad.

Foto cortesía de
Rhian Evans

Si tienes un cachorro joven, puedes encontrarte con una bola de energía incontrolada al final de una correa, y tu misión será domar a tu perro y hacer que se concentre en ti.

Si has adoptado un perro mayor que no ha aprendido a caminar con correa, puedes sentir que tienes que contenerlo y puede ser una verdadera batalla física. Un perro adulto es mucho más fuerte que un cachorro. Puedes encontrar útil practicar en un ambiente interior, como clases de adiestramiento, lo que ayuda a tu perro a concentrarse ya que tiene menos por lo que tirar sin un horizonte a la vista. Los perros pueden comportarse de manera muy diferente en interiores que en exteriores y es útil comenzar donde es más probable que tengas éxito. Pero no debes desanimarte una vez que te muevas a un ambiente exterior si tu perro inmediatamente vuelve a ser un alborotador. Simplemente continúa pacientemente con las mismas técnicas, ya que los Staffies son aprendices muy capaces.

Cuando se adiestra a un perro a caminar con correa, la correa generalmente se sujeta al collar, ya que el perro es más sensible al contacto. La excepción sería si tu perro tira hasta el punto de que podría dañar los huesos de su cuello, en cuyo caso un arnés es preferible. Los arneses de control son el último recurso si tu adiestramiento básico falla, pero vale la pena consultar a un profesional para obtener ayuda antes de recurrir a un dispositivo para imponer el adiestramiento con correa. Los collares de ahorque nunca deben usarse ya que pueden causar lesiones.

Una vez más, conseguir la atención de tu perro es el primer paso para enseñarle a caminar con una correa suelta. Con su correa en la mano derecha, coloca a tu perro a tu izquierda, luego da unos pasos hacia adelante. Si se adelanta, debes detenerte. Cuando la correa esté suelta nuevamente, da unos pasos más. Si tu perro camina correctamente, aunque sea momentáneamente, dale una golosina de tu mano izquierda (es útil mantenerlas a mano en un bolsillo o riñonera). Siempre detente cuando tu perro tire de la correa. Necesita aprender que no llegará a donde cree que va si tira. Es poco probable que hagas algún progreso que puedas contar como un paseo, pero es importante aceptar que esto es adiestramiento y no recreación.

Una vez que tu perro ha mejorado en prestar atención y puede caminar más de unos pocos pasos con una correa suelta, aumenta el nivel cambiando tu dirección con frecuencia, manteniendo a tu perro concentrado e interesado siendo entusiasta sobre lo bien que lo está haciendo. Los Staffies son excitables, así que no sobreexcites a tu perro tanto que comience a saltar, y solo dale sus golosinas cuando esté caminando muy bien a tu lado.

Si has estado practicando en interiores o en tu patio trasero y tu perro ha progresado bien, ahora puedes repetir los ejercicios en un entorno exterior más amplio. Vale la pena elegir un área sin demasiadas distracciones, así que opta por un lugar sin otras personas y perros para empezar. Eventualmente puedes graduarte al parque y a entornos urbanos concurridos, y liberar a tu perro de la recompensa de golosinas. Cada nuevo paso puede hacer retroceder a tu perro mientras lidia con más espacio y distracciones, pero en general, estarás consolidando su progreso.

Este capítulo ha dado algunas sugerencias para comenzar el adiestramiento básico de obediencia, pero así como hay muchos enfoques diferentes, también hay muchos Staffordshire Bull Terriers diferentes con una diversidad de temperamentos. Es importante mantener un enfoque de adiestramiento durante el tiempo suficiente para darle una oportunidad a tu perro, pero si realmente no está funcionando, otra técnica puede tener más éxito.

Si estás teniendo dificultades, vale la pena consultar a un profesional para obtener asesoramiento. Y si has adoptado a tu perro de un centro de rescate, pueden tener un especialista en comportamiento propio que pueda ayudarte sin costo adicional.

Vale la pena tener en cuenta que un perro previamente bien adiestrado puede retroceder durante la adolescencia de 6 a 12 meses de edad, y no debes perder el ánimo, sino simplemente mantener el adiestramiento, dando un paso atrás y volviendo a lo básico si es necesario.

CAPÍTULO 7
# Socialización

*Lo mejor que puedeS hacer es socializar a Tu Stafford. Permítele jugar con niños y amigos, pero siempre bajo supervisión. Déjale estar cerca de otros animales, pero introdúcelos lentamente. ASEGÚRATE de que tu cachorro haya recibido todas sus vacunas y haya sido desparasitado.*

**Robert Randall**
*Guardstock Staffordshire Bull Terriers*

Apesar de la reputación del Staffordshire Bull Terrier como un perro intimidante, la mayoría de los Staffies no son agresivos y son muy cariñosos con su familia. Aunque es imposible hacer generalizaciones con la raza, en general, los Staffies prefieren a los humanos que a otros perros. Por esta razón, socializar a un Staffie con personas suele ser muy sencillo, pero a veces pueden surgir problemas cuando se socializa a un Staffordshire Bull Terrier con individuos de su propia especie.

Foto cortesía de
Helen Nolan

*Foto cortesía de Lauren Ford*

## Importancia de la Socialización

El otro problema con la percepción pública del Staffordshire Bull Terrier es que a la raza se le dará considerablemente menos margen que a otras razas si muestra cualquier signo de agresión, especialmente si llegara a atacar a una persona u otro perro. Debido a la asociación con el Pit Bull Terrier, la gente inmediatamente etiquetará al perro como "típico de su raza". En el mejor de los casos, esto mancha aún más la injusta reputación de la raza, y en el peor, tu Staffie podría ser llevado a evaluación por una ofensa que a un Yorkshire Terrier se le habría perdonado. En la batalla continua por corregir la reputación del Staffie, cada dueño debería esforzarse por convertir a su perro en un embajador de la raza. Esto no solo ayudará a superar los prejuicios públicos, sino que un perro bien socializado nunca se encontrará en una situación donde pueda ser sacrificado por un acto de agresión, sin mencionar el daño que podría causar a otra persona o perro.

## Cuándo Socializar a Tu Nuevo Perro

Nunca es demasiado temprano para socializar a tu Staffie. De hecho, tu perro ha sido socializado desde el nacimiento mediante la interacción con sus compañeros de camada, y un buen criador también se asegurará de que esté acostumbrado a ser manipulado. Así que, cuando recojas a tu cachorro de tres meses, ya tiene un buen comienzo. Tu trabajo es continuar su entrenamiento de socialización después de que haya sido separado de su madre y sus compañeros de camada, porque en este punto, de repente está solo. Su nueva familia es humana, y al vincularse contigo, ¡se olvida de que es un perro!

Foto cortesía de
Bethany Hughes

# Presentando Tu Nuevo Staffordshire Bull Terrier a Otros Perros

*"Los Staffords no tienden a querer causar conflictos, pero no retrocederán una vez que estos hayan comenzado. Iniciar la socialización desde jóvenes es la clave aquí, y detener los problemas antes de que escalen es muy importante. Nunca permitas que un perro desconocido se acerque a tu Stafford sin estar preparado. Debe hacerse lenta y cautelosamente".*

**Teri Keetch**
*Dyna Staffs*

Tan pronto como tu cachorro haya completado su primer ciclo de vacunación, estará listo para hacer nuevos amigos de su propia especie. Puedes informarte sobre clases de socialización para cachorros en tu área preguntando en tu clínica veterinaria. Las clases, o grupos de juego para cachorros, crean un entorno ideal y seguro para que tu nuevo cachorro Staffie interactúe con otros perros, ya que todos estarán en la misma etapa de vida, con el mismo lenguaje corporal de cachorro. Es una forma no amenazante para que tu perro aprenda a sentirse cómodo alrededor de perros de otras razas, antes de que alguno haya desarrollado miedo o agresión debido a malas experiencias de vida.

Tu cachorro también necesitará aprender a socializar con perros adultos, ya que hasta ahora, es posible que nunca haya encontrado otro perro adulto aparte de su madre. Los perros adultos utilizan un lenguaje totalmente diferente y pueden tener poca tolerancia para un cachorro mal educado y exuberante. Así que elige cuidadosamente a sus compañeros de juego, ya que es muy importante que tu cachorro no tenga malas experiencias en esta etapa formativa. Reunirse con un amigo que tenga un perro dócil y amigable en un territorio neutral, como un parque tranquilo, es una buena opción. De lo contrario, es mejor invitar a tu amigo y tu perro a tu patio en lugar del de ellos, ya que tu cachorro aún no es territorial, mientras que el otro perro puede ser más defensivo en su propio hogar hasta que se conozcan.

Si ya tienes un perro y estás trayendo a tu nuevo Staffie a casa por primera vez, es aconsejable no introducir al nuevo perro directamente por la puerta principal a un espacio confinado para el primer encuentro, ya que esto crea una dinámica de confrontación. Hay dos escuelas de pensamiento con los primeros saludos. Una es que lleves a ambos perros directamente al patio donde tengan mucho espacio para conocerse, y los perros puedan retroceder cuando las cosas se pongan feas. El otro enfoque es llevar al perro antiguo al patio o sacarlo a pasear, mientras el nuevo perro se acomoda en el interior. Luego, el perro residente puede entrar en la casa y encontrar al nuevo perro, lo que es una introducción más suave que juntarlos a ambos en la puerta principal.

Cuando introduces otro perro en un hogar donde ya hay un perro residente, es perfectamente normal que haya un período de adaptación, y pueden ocurrir peleas mientras los perros están estableciendo la jerarquía. Es útil tener una jaula para el cachorro, especialmente si el perro más antiguo es anciano, ya que a veces se necesita un tiempo de descanso. Los perros aprenderán gradualmente a vincularse, especialmente cuando se les saca a pasear juntos en territorio neutral. Si los problemas persisten, puedes considerar consultar a un especialista en comportamiento, o si has adoptado un perro de rescate, la organización de rescate debería poder ofrecer asesoramiento experto, ya que estarán muy familiarizados con los problemas de integración. También están interesados en que la adopción funcione.

## Presentando Tu Nuevo Staffordshire Bull Terrier a los Niños

El Staffordshire Bull Terrier es comúnmente conocido como el "Perro Niñera" debido a su devoción por los niños de la familia, y esto refleja su verdadero instinto de proteger y hacer amistad con los niños, lejos de su reputación negativa.

Dicho esto, los niños a menudo provocan involuntariamente una reacción en un perro, por muy tolerante que sea, al no respetar su espacio, molestarlo o lastimarlo. Así que en lugar de entrenar al perro, ¡la forma correcta de socializar a tu Staffordshire Bull Terrier con los niños es entrenar a los niños!

Si tu hijo es un niño pequeño, debes supervisarlo en todo momento con tu Staffie, pero nunca es demasiado temprano para comenzar a enseñarle a ser gentil y a tratar a su amigo de cuatro patas con respeto. Tu hijo debe aprender a nunca tirar de las orejas de tu perro, pincharle los ojos, tirarle de la cola o montarlo como a un poni. Muéstrale a tu hijo cómo acercarse a tu perro tranquilamente desde el lado para que tu perro pueda verte, luego acariciar suavemente al perro en la parte posterior de su cabeza y cuello, y hablarle en voz baja.

Un niño mayor puede estar listo para aprender sobre el lenguaje corporal, lo cual es importante si va a quedarse sin supervisión con el perro. Debes enseñarle a tu hijo que cuando un perro tensa su cuerpo, retrocede o muestra los dientes, debe dejarlo solo inmediatamente. Y asegúrate de que tu hijo entienda que no debe tocar al perro mientras está comiendo o durmiendo.

Algunos perros pueden sentir que pertenecen a un nivel más alto en la jerarquía familiar que los niños, y esto a veces puede hacer que desafíen a los niños. Esto es inusual para un Staffie porque aman tanto a los niños; sin embargo, para evitar que esto suceda, los hogares con niños deben asegurarse de que el perro duerma en su propia cama, no en la cama de los padres, y los niños deben ayudar a cuidar al perro, dándole su comida y participando en sus paseos.

## Perros Reactivos

Si has adoptado un perro de un centro de rescate, es el deber más importante del rescate asegurarse de que el perro no sea reactivo con los niños antes de colocarlo en un hogar familiar. A veces, un perro de rescate habrá tenido una mala experiencia previa con niños que lo han tratado con falta de respeto, y eso puede haber llevado al perro a volverse reactivo. Es altamente irresponsable colocar a un perro que es reactivo con niños en un hogar familiar, ya que la seguridad es mucho más importante que la rehabilitación, y ningún niño debe ser puesto en una posición de peligro. Por lo tanto, un perro que es reactivo con niños debe ser devuelto al rescate para su colocación en un hogar más adecuado.

Una situación más común con la raza es que un Staffordshire Bull Terrier sea reactivo con otros perros. A menos que un Staffie haya sido criado alrededor de otros perros a través de una socialización intencionada, o en un hogar con varios perros, tenderá a verse a sí mismo como humano y no estará dispuesto a compartir la atención de su dueño con cualquier otro perro presuntuoso que invada su espacio. También puede sentir que tiene que proteger a su dueño de un ataque.

Muchos Staffies terminan en rescate debido a tales problemas de comportamiento que han surgido por falta de entrenamiento temprano. Por lo tanto, si has comprado un cachorro de líneas de sangre bien investigadas, y lo estás socializando diariamente con otros perros, es muy poco probable que termines con un perro reactivo. Sin embargo, si has adoptado un Staffie de rescate que ha tenido un mal comienzo, puedes encontrarte lidiando con agresión hacia otros perros. Vale la pena señalar que los perros machos generalmente son más reactivos con otros perros machos que con perros hembras.

En lugar de evitar toda interacción con otros perros, lo que no solo es restrictivo, sino que nunca abordará los problemas de tu perro, la clave para rehabilitar a un perro reactivo es a través de la habituación gradual. Esto significa una exposición controlada al desencadenante hasta que el perro ya no lo vea como una amenaza.

Como con todo entrenamiento, esto debe comenzar en un entorno controlado con la ayuda de otro amigo con un perro no reactivo. Sin embargo, aunque necesitas control sobre tu perro, no debes restringirlo con una correa corta, ya que la tensión le causará incomodidad. Más bien, necesitas crear una atmósfera de calma para que se sienta relajado, por lo que necesitas un arnés y una línea larga (de unos 4,5 metros de longitud, enrollada alrededor de tu brazo). Lleva a tu perro a un espacio abierto con una línea suelta, pero mantén su atención siendo entusiasta, mientras lo animas a olfatear y explorar. A medida que tu amigo se acerca con su perro, no guíes a tu perro hacia el otro perro, sino mantén su movimiento natural y permítele ir donde desee.

Llegará un momento en que tu perro note al otro perro, y puede volverse rígido o tensar la línea. En este punto, puedes usar una distracción positiva ofreciéndole muchas golosinas pequeñas y sabrosas, o esparciéndolas en el suelo para que tu perro las olfatee en lugar de estresarse por el otro perro. O si tu perro prefiere un juguete a las golosinas, puedes usar esto para distraerlo. Asegúrate de haber cambiado la atención de tu perro hacia ti en lugar de hacia la "amenaza". Si es necesario, puedes pararte entre tu perro y el otro perro y usar el comando "Mírame", recompensándolo por una respuesta correcta.

Solo debes recompensar a tu perro en presencia del desencadenante, para que comience a asociar lo que percibía como algo negativo con algo que es realmente positivo, ya que produce golosinas o un juguete. El entrenamiento con clicker es muy útil para reforzar las elecciones correctas en la mente de tu perro.

Es importante entender que los resultados no ocurrirán de la noche a la mañana, y solo a través de la repetición regular reprogramarás la mente de tu perro. A medida que progrese, puedes aumentar el nivel de desafío yendo a lugares más públicos con más perros desconocidos. Pero si tu perro es impredecible de algún modo, siempre debe llevar bozal en lugares públicos para garantizar que ningún otro perro resulte herido.

# Cuando la Socialización Sale Mal

Desafortunadamente, a veces durante el proceso de socialización, las cosas pueden salir mal. Esto ocurre comúnmente cuando un perro desconocido se acerca demasiado, provocando una reacción. Es normal que los perros estén sin correa, disfrutando de ejercicio libre en espacios públicos, y también es normal que los perros corran hacia otros perros para saludarlos. Por lo general, en este punto ocurre un poco de lenguaje canino, con olfateo en ambos extremos, movimiento de cola y tal vez un juego de persecución. Pero a veces uno de los perros se siente amenazado. Generalmente tensarán su cuerpo y retraerán sus labios. Pueden gruñir, y el otro perro instintivamente sabe que debe retroceder. Se ha evitado una confrontación. Ten en cuenta, sin embargo, que un cachorro aún no sabe cómo leer las señales y puede ser intensamente molesto para un perro adulto, así que siempre supervisa cuidadosamente las presentaciones con un cachorro. Además, a veces un perro puede morder sin previo aviso, incluso lanzando un ataque completo. Si tu Staffie es el receptor, esto puede retrasar significativamente su socialización.

Hay algunas cosas que puedes hacer para evitar que esta situación ocurra en primer lugar. Cuando pasees a tu perro, siempre debes permanecer vigilante ante la presencia de otros perros, para que no parezcan aparecer de la nada, asustando a tu perro. También debes notar su lenguaje corporal a medida que los ves acercarse, y cambiar tranquilamente de dirección con tu perro si ves señales de advertencia reactivas en cualquiera de los perros. Mantén a mano un juguete o pelota, o algunas golosinas de entrenamiento, para desviar la atención de tu perro.

Si tu perro está con correa, ten en cuenta que puede sentirse más amenazado por el acercamiento de un perro desconocido porque no puede escapar. Lo mismo se aplica para el otro perro si es el tuyo el que está libre y el otro está con correa. Las presentaciones no controladas no deben tener lugar en esta situación desigual.

Si tanto tu perro como el otro perro están con correa, vale la pena recordar la regla de los tres segundos. Si los dos perros se encuentran cara a cara, se ponen rígidos y se miran fijamente durante tres segundos, es hora de alejar rápidamente a tu perro antes de que la situación se vuelva mala.

Si tu perro ha sido atacado, probablemente necesitarás volver a lo básico con la socialización. Invita a algunos compañeros de juego tranquilos para una experiencia positiva, luego organiza algunos paseos tranquilos con perros que tu perro conoce. Reconstruye su confianza lentamente, pero no evites a otros perros, ya que eso creará un problema duradero.

Si tu perro ha sido el agresor, esta es una llamada de atención de que estás avanzando demasiado rápido con su entrenamiento. Además, de que debe usar bozal. Poner un bozal a un perro por sí solo ayudará a garantizar que otros dueños de perros no permitan un acercamiento libre de tu perro, por lo que no solo puedes prevenir la confrontación, sino que garantizará que no ocurran lesiones si sucede. Los perros que continúan siendo reactivos pueden usar un chaleco amarillo, arnés o pañuelo con el mensaje "Necesito espacio" o "Perro Reactivo" para fomentar la cooperación de otros dueños de perros.

La mayoría de los Staffies crecerán para interactuar de manera muy positiva, tanto con personas como con otros perros, y no hay nada más edificante que la vista de una enorme sonrisa de Staffie mientras tu perro disfruta jugando en el parque. Sin embargo, la confianza social debe desarrollarse desde una edad temprana, por lo que nunca debe dejarse al azar. Pero si has adoptado un perro mayor temeroso, generalmente habrá estrategias que puedes implementar para ayudarlo a desarrollar su confianza y superar problemas reactivos. Ayudar a un perro dañado a disfrutar de la vida nuevamente es uno de los mayores regalos que puedes darle a un Staffordshire Bull Terrier.

# CAPÍTULO 8
# Viajar

## Preparativos para el Viaje

Algunos perros son excelentes viajeros, mientras que otros encuentran todo el proceso muy estresante, lo que lleva a sus dueños a sentirse ansiosos y abrumados. La categoría en la que tu perro se ubicará no suele ser específica de la raza, sino que cada perro es un individuo. Por lo tanto, tú puedes tener un Staffie que sea un excelente viajero, o puedes tener uno que se ponga nervioso. Realizar los preparativos adecuados para el viaje garantizará que todo el trayecto transcurra de la manera más fluida posible, independientemente de cómo se sienta tu perro.

El primer paso que debes dar antes de emprender un viaje largo es consultar con tu veterinario si tu perro está en condiciones de viajar. Tu veterinario podrá realizar un examen clínico completo a tu Staffie para buscar cualquier motivo por el que no debería viajar, como enfermedades que afecten al sistema respiratorio. También podrá darte consejos para el viaje si tu Staffie padece ciertas dolencias. Por ejemplo, si tu perro tiene artritis, de la que hablamos más detalladamente en el Capítulo 14, puede necesitar paradas más frecuentes para mantenerlo en movimiento y asegurarte de que no se entumezca.

En la cita con el veterinario también puedes asegurarte de que el microchip de tu Staffie funciona correctamente, o implantarle uno si no lo tiene. Un microchip es una pequeña pieza metálica del tamaño aproximado de un grano de arroz, que se inserta entre los omóplatos. Contiene un número único cuando se escanea, que está vinculado a todos tus datos de contacto en la empresa del microchip. De esta manera, si tu perro se escapa o se pierde, puede ser fácilmente reunido contigo. Esto obviamente solo funciona si tus datos se mantienen actualizados en la empresa del microchip, así que si alguna vez te mudas o cambias de número de teléfono móvil, asegúrate de contactarlos para actualizar esta información.

Finalmente, mientras estás en la consulta del veterinario, es una buena oportunidad para recoger cualquier medicación crónica que puedas necesitar durante tu ausencia, así como algún tratamiento contra pulgas y parásitos, para asegurarte de que esta protección no caduque durante este tiem-

Foto cortesía de
Helena Lehtis

po. Si le toca pronto alguna vacuna, también se le puede administrar para garantizar que su inmunidad esté actualizada, de lo cual se habla más en el Capítulo 12.

Antes de salir de la consulta del veterinario, comprueba que tienes todos sus datos de contacto en tu teléfono móvil, ya que si tu Staffie tiene una emergencia mientras estás viajando, el veterinario que te atienda probablemente querrá contactar con tu veterinario habitual para obtener su historial clínico completo. También es útil investigar sobre los veterinarios en el área a la que viajas y tener sus datos de contacto guardados. De esta manera, no perderás tiempo tratando de encontrar los datos de contacto de un veterinario cercano en caso de emergencia.

Antes de partir a tu viaje, tómate un tiempo para comprobar que tienes todos los accesorios que necesitarás a mano. Tu perro debe llevar un collar con una placa de identificación que detalle tu número de teléfono móvil actual y tu dirección. Algunas personas optan por poner también el nombre de tu perro en la placa, sin embargo, esto no es necesario, y puede causar

*Foto cortesía de Emma Ceely*

problemas si tu Staffie es robado, ya que el ladrón conocerá el nombre de tu perro para hacer que responda a él.

# Viajar en Automóvil

Acostumbrarse al automóvil puede ser un proceso largo para algunos perros, mientras que otros se adaptarán en su primer viaje. Sin embargo, es mejor que el primer viaje de tu Staffie en el automóvil no sea largo. Comienza permitiéndole acostumbrarse a estar en el automóvil en sus propios términos. Quizás permítele entrar y darle una golosina o un juguete allí, para que comience a asociarlo con un lugar agradable.

Realizar un primer viaje corto con tu Staffie te permitirá ver si está ansioso o se marea. Algunos perros sufren de mareo en el automóvil, lo que les lleva a tener una experiencia negativa. Pueden babear o incluso vomitar, pero la buena noticia es que tu veterinario puede proporcionarte pastillas contra el mareo que se pueden administrar antes de un viaje, para garantizar que transcurra de la manera más fluida posible.

Una vez que tu Staffie esté cómodo con el automóvil, puedes emprender un viaje más largo. Lo primero que debes considerar es dónde en el automóvil lo colocarás. Hay varias opciones. El maletero es una opción popular, ya que entonces tu Staffie no ocupa espacio donde los humanos podrían necesitar sentarse. Si lo colocas en el maletero, es mejor comprar una rejilla para perros que se ajuste detrás de los asientos para evitar que salte hacia adelante en el automóvil.

Otra opción, especialmente si tu perro es destructivo, es usar una jaula de transporte, ya sea en el maletero o asegurada firmemente en los asientos. Necesitarás una jaula bastante grande para tu Staffie, ya que debe ser lo suficientemente amplia para que pueda ponerse de pie, estirarse y acostarse sin tocar los lados. Debe tener una ventilación adecuada para permitir un flujo de aire suficiente, de modo que tu perro no se acalore, y es mejor si está hecha de material resistente o metal, para que tu perro no pueda escapar fácilmente.

No tienes que usar la jaula solo en el automóvil. Como se mencionó anteriormente, puede resultarle útil en la casa para encerrar a tu Staffie cuando se va o por la noche, para evitar que mastique cosas o cause problemas en la casa. Si se le ha acostumbrado a la jaula desde cachorro, tu Staffie no lo verá como un castigo, sino que encontrará que la jaula es su santuario y área de confort.

*Foto cortesía de
Charlene Plevyak*

Finalmente, la última opción para transportar a tu perro es colocarlo en un asiento trasero. Esta disposición solo es adecuada para perros que no son destructivos o muy activos. Es un método seguro de transportarlo si lo colocas en un arnés con un accesorio para el cinturón de seguridad. De esta manera, no solo estará seguro en caso de accidente, sino que tampoco podrá saltar sobre los asientos para unirse a ti en la parte delantera, potencialmente causando un accidente. Sin embargo, si decides que esta es la forma en que te gustaría que viaje tu perro, puede que desees cubrir tus asientos o comprar una cama para perros para colocar en el asiento trasero, ya que los asientos se ensuciarán fácilmente para futuros pasajeros en tu automóvil.

Cuando estés viajando a larga distancia, asegúrate de tener a mano todos los accesorios que necesitas. Tener comida para perros, agua y una correa fácilmente accesibles hará que tu viaje sea más sencillo. Se recomienda que te detengas para dar de comer a tu perro cada 12 horas, y agua cada 4 horas, cuando viaje. Si estás viajando en clima caluroso y tu automóvil no tiene aire acondicionado, pueden ser necesarias paradas más frecuentes. Tu perro también agradecerá paradas cada pocas horas para estirar las patas y hacer sus necesidades si es necesario.

# Viajar en Avión

Si vas a viajar al extranjero y deseas llevar a tu Staffordshire Bull Terrier contigo, es importante que primero verifiques si la aerolínea lo aceptará. Algunas aerolíneas han incluido al Staffordshire Bull Terrier en la lista de razas restringidas, por lo que es mejor contactar con la aerolínea antes de reservar tus billetes, solo para asegurarte.

Si el Staffie no está en la lista de razas restringidas, y tu perro tiene más de 12 semanas, entonces está listo para viajar. Cada aerolínea tiene diferentes requisitos para viajar con perros, así que asegúrate de investigar primero. Algunas aerolíneas permiten que perros pequeños viajen en la cabina; sin embargo, un Staffie pequeño probablemente estará en el límite de tamaño, por lo que es mejor asumir que viajará en la bodega.

Cuando viaje en la bodega, tu Staffie necesitará viajar en una jaula aprobada por la aerolínea. Las directrices para una jaula estarán fácilmente disponibles en cualquier aerolínea que acepte perros. La jaula irá en una parte presurizada y con temperatura controlada del avión.

Cuando presentes a tu perro en el aeropuerto, la mayoría de las aerolíneas requerirán que también proporciones un certificado de salud de tu veterinario, documentación de exportación, registros de vacunas y pasaporte. Es tu responsabilidad tener todo esto en orden, y no de la aerolínea o del agente de viajes.

Si la temperatura está por debajo de 7 grados Celsius o por encima de 29 grados Celsius durante la salida, la llegada y durante las conexiones, es posible que se rechace el viaje de tu perro a menos que tu veterinario haya proporcionado una carta detallando que tu perro está acostumbrado a estas condiciones. Por lo tanto, viajar en una época del año cuando el clima es favorable es una buena idea.

## Alojamiento de Vacaciones

*Foto cortesía de Tammy Duffy*

Una vez que llegues a tu destino de vacaciones, es prudente recordar que no a todos en el alojamiento les pueden gustar los perros. Ten siempre en cuenta que debes dejar el alojamiento como lo encontraste, y trata de evitar que tu Staffie cause cualquier alteración en las vacaciones de otras personas.

Si a tu perro le gusta ladrar o mastica los muebles, es mejor no dejarlo solo en el alojamiento. La ansiedad por separación puede intensificarse en circunstancias desconocidas. Sin embargo, si has acostumbrado a tu Staffie a la jaula, esta es una excelente oportunidad para ofrecérsela. Una jaula proporcionará un área con la que está familiarizado y le ayudará a sentirse seguro y como en casa.

Cuando saques a pasear a tu Staffie, asegúrate siempre de limpiar atrás de él. Algunas áreas de un complejo vacacional pueden no permitir perros, incluso si se te permite tenerlo en el alojamiento, y por lo tanto, vale la pena preguntar al recepcionista cuando llegues dónde puedes llevarlo a pasear y hacer sus necesidades.

*Foto cortesía de Jackie Morgan*

# Dejar a Tu Perro en Casa

Para algunos perros, viajar puede ser extremadamente estresante, y es tanto en su interés como en el tuyo dejarlos en casa. Si eliges esta opción, hay varios lugares diferentes donde puedes asegurarte de que tu perro reciba el cuidado adecuado mientras tú estás fuera.

La primera opción, y la que muchas personas elegirán, es reservarle una plaza en una residencia canina. Hay muchos estándares diferentes de residencias caninas, desde residencias básicas hasta hoteles caninos de 5 estrellas, pasando por residencias específicas para razas, y por lo tanto, visitar algunas antes de reservar garantizará que elijas una que satisfaga las necesidades de tu perro. Cuando tu perro está alojado en una residencia, probablemente tendrá un recinto que es parte interior y parte exterior. Esto le permite tener un espacio para correr y hacer sus necesidades, y otro espacio para comer y dormir. Un par de veces al día, el personal lo ejercitará. Esto puede ser dejándolo salir en un área de juego comunal con otros perros y supervisándolo, o puede ser llevándolo a dar un largo paseo. Si tienes un Staffie rescatado, es probable que tu perro sienta aberración hacia las residencias; puede estar aterrorizado ya que le recuerda los días en que fue abandonado, o puede ser que esté tan acostumbrado a estar en residencias que se sienta muy relajado al ser alojado de esta manera.

Si esperas un plan de cuidado más personalizado para tu perro mientras estás fuera, pero tienes un presupuesto limitado, la siguiente opción sería que un amigo, familiar o el criador original de tu Staffie cuide de él. Esto puede ser en tu casa o en la de ellos. El beneficio de esta opción es que tú conoces al cuidador y también lo conoce tu perro. Si el cuidador tiene su propio perro, esto puede proporcionar una excelente oportunidad para que tu perro juegue y libere energía mientras tú estás fuera, pero asegúrate de que los perros se conozcan antes de dejar a tu Staffie, ya que el otro perro puede estar menos entusiasmado con tener otro perro en su territorio.

La opción final, que es la más cara, es contratar a un cuidador dedicado de casa y perro. Estos suelen ser profesionales que vienen a vivir en tu casa mientras tú estás fuera. Esta es una excelente opción para tu perro, ya que su entorno y rutina permanecen iguales. No solo eso, sino que proporciona seguridad para tu casa, y puedes estar seguro de que todo será atendido. El único factor desconocido para tu perro es el cuidador, y por lo tanto es importante hacer un encuentro previo, idealmente en terreno neutral, como un paseo por el parque.

Ya sea que elijas llevar a tu perro en sus viajes o dejarlo atrás, hay muchas cosas a considerar al hacer los preparativos, pero al hacerlo, puedes asegurarte de disfrutar de tus viajes y vacaciones al máximo.

CAPÍTULO 9
# Nutrición

*"Las razas tipo bull en general pueden tener un sistema inmunológico comprometido. Me gusta reforzar su sistema inmunológico con suplementos y probióticos, además de una dieta realmente buena. Los Staffords pueden comer prácticamente de todo si se tienes esto en cuenta."*

**Teri Keetch**
*Dyna Staffs*

## Importancia de la Nutrición

Puede resultar abrumador llegar a la tienda de mascotas y ver tantas marcas en los estantes. Intentar determinar qué alimento darle a tu Staffie puede ser todo un desafío. Después de todo, la alimentación influye en numerosos aspectos de la salud de tu perro. La comida puede mejorar el pelaje, la piel, la salud dental y articular, pero también puede provocar problemas de vejiga, crecimiento deficiente o agravar condiciones subyacentes.

No es tan sencillo como mirar el empaque para decidir cuál es el mejor alimento para tu Staffie. Lo que podría ser bueno para tu perro podría no funcionar bien para otro. Por lo tanto, basarse únicamente en recomendaciones no es fiable. Sin embargo, otros dueños, criadores e incluso veterinarios suelen tener opiniones firmes sobre ciertas marcas de alimentos, y aunque su conocimiento puede ser valioso, tú debes considerar el panorama completo al elegir un alimento para tu Staffie.

## Alimento Comercial

El alimento comercial es el que encontrarás en tiendas de mascotas, consultorios veterinarios y supermercados. Existe una amplia variedad de calidades, desde alimentos que harán más daño que bien, hasta otros de extremadamente buena calidad y enriquecidos. Recuerda, sin embargo, que el hecho de que un alimento le convenga a un perro no significa que le convenga a otro, por lo que hay muchos factores que debes considerar al elegir un alimento de estantería para tu Staffie.

## Seco o Húmedo

Generalmente, el alimento comercial puede comprarse como alimento seco en paquetes, o alimento húmedo en latas, sobres o bandejas. No hay una elección correcta o incorrecta cuando se trata de alimentar a tu perro con comida húmeda o seca, y muchas personas alimentan a sus perros con una mezcla de ambas. Sin embargo, hay ventajas y desventajas en ambas opciones.

Los alimentos secos están más condensados que los húmedos, por lo que no tendrás que proporcionar tantos gramos de alimento seco como lo harías con el húmedo para asegurar que tu Staffie obtenga todos los nutrientes que necesita. Debido a que el alimento seco está más condensado que el húmedo, puede hincharse cuando entra en contacto con el ácido estomacal. Antes de dárselo a tu perro, deberías comprobar cuánto se hincha añadiendo una taza de agua a una taza de alimento seco y dejándolo reposar durante media hora. Cuanto menos se hinche, mejor será para tu perro, ya que la hinchazón puede provocar sensación de saciedad y distensión abdominal.

Las croquetas de alimento seco pueden venir en diversos tamaños. La regla general es que debes comprar las croquetas más grandes que tu perro acepte con gusto. Esto se debe a que si los tamaños de las croquetas son grandes, tu perro debe triturarlas antes de tragarlas. Como resultado, los dientes tienen una fuente regular de abrasión, lo que reduce la cantidad de acumulación de sarro y conduce a dientes más sanos. Esto se analiza con más detalle en el Capítulo 10.

El alimento húmedo, por otro lado, no proporciona abrasión en los dientes, por lo que es mucho más probable que tu Staffie desarrolle enfermedades dentales a lo largo de su vida. Sin embargo, el alimento húmedo tiene su lugar en la dieta de un perro. El alimento húmedo suele ser más apetecible que el seco, por lo que si tu Staffie es un comedor exigente, es probable que coma más alimento húmedo que seco. El alimento húmedo también es mucho más fácil de comer, por lo que los cachorros o los perros ancianos con artritis en las mandíbulas podrán consumirlo con mayor facilidad.

## Alimento para Cachorros

Si has comprado o rescatado un Staffie que aún no ha terminado de crecer, debes alimentarlo con comida para cachorros o júnior. Estas variedades de alimentos son esenciales para proporcionar los nutrientes correctos para el crecimiento continuo, el desarrollo óseo y los niveles de energía. Contienen más proteínas, calcio y fósforo que los alimentos para adultos. La mayoría de las dietas comerciales convencionales producen variantes para cachorros o júnior de sus alimentos.

## Estándares FEDIAF

Al adquirir una dieta comercial, puedes asegurarte de que estás comprando alimento para tu Staffie que ha cumplido con estrictos estándares. Esto garantiza que todos los alimentos que cumplen con los estándares están adecuadamente equilibrados para la etapa de vida a la que se dirigen, y no serán perjudiciales para los perros que los consumen. La Federación Europea de la Industria de Alimentos para Animales de Compañía (FEDIAF) ha establecido directrices nutricionales integrales y estándares de seguridad que todos los alimentos comerciales para mascotas en la Unión Europea deben cumplir antes de poder ser vendidos al público. FEDIAF trabaja es-

Foto cortesía de
Michelle Daniels

trechamente con nutricionistas veterinarios de toda Europa y proporciona directrices para alimentos completos y complementarios para gatos y perros, asegurando que los nutrientes esenciales estén adecuadamente equilibrados para animales saludables.

# Dietas BARF y Caseras

Recientemente ha habido un cambio de actitud en el público general hacia la forma en que se alimenta a nuestros perros. Las personas son más conscientes de la salud y se preocupan por el medio ambiente. Quieren asegurarse de que no haya organismos genéticamente modificados ni conservantes en la comida de tu perro. Y frecuentemente desean que los alimentos sean de origen local, naturales y orgánicos. Es difícil cumplir con todos estos criterios con la comida comercial para perros, por lo que no es sorprendente que ahora más personas estén optando por cocinar alimentos para sus perros en casa.

Desafortunadamente, las dietas caseras, ya sea una dieta cocinada o de huesos y alimentos crudos (BARF, por sus siglas en inglés), no son tan saludables como parecen inicialmente. Muchas personas afirman que sus perros han mejorado la salud del pelaje, la piel, los dientes y la energía general, pero ciertamente no viene sin riesgos.

Ahora se han realizado numerosos estudios sobre la alimentación cruda que demuestran la gran cantidad de patógenos peligrosos que pueden transmitirse al perro y al dueño a través de estas dietas. Estos patógenos incluyen bacterias como Salmonella, E.coli y Campylobacter. No solo permanecen en la saliva del perro, sino que también están presentes en las heces y se transfieren al pelaje cuando el perro se acicala. Esto significa que pueden transmitirse fácilmente a las personas. En particular, están en riesgo aquellas personas más vulnerables, como niños y ancianos. En estos grupos de edad, las infecciones con estos patógenos pueden poner en peligro la vida. Los perros también pueden contraer estas infecciones, pero en general su sistema digestivo es más robusto que el de los humanos.

Existen otros riesgos asociados con las dietas BARF que contienen huesos enteros. Los huesos pueden presentar riesgos de asfixia, daño a los dientes, perforaciones internas y obstrucciones internas. La mayoría de los defensores de la alimentación cruda argumentarán que solo se ofrecen huesos crudos, que son más flexibles y se digieren mejor que los huesos cocidos, pero independientemente, todavía existe cierto elemento de riesgo.

Foto cortesía de
Melissa Rooney and Kevin Sharpe

La principal preocupación de los veterinarios respecto a las dietas BARF y caseras es la falta de equilibrio adecuado. En un estudio de 95 dietas de alimentos crudos, se encontró que el 60% tenía un desequilibrio nutricional importante. La mayoría de quienes alimentan con dietas caseras no habrán consultado a un experto nutricionista veterinario, sino que habrán desarrollado la dieta de su perro a través de investigación personal o consejos de criadores o amigos que también alimentan a sus perros con dietas caseras. Como resultado, la dieta no está equilibrada adecuadamente, y hay niveles excesivos de calcio y fósforo o niveles incorrectos de otros nutrientes. Esto puede tener graves consecuencias en los perros que reciben estas dietas, y pueden desarrollar condiciones como raquitismo, cálculos en la vejiga y crecimiento atrofiado, particularmente si aún no han terminado de crecer.

Sin embargo, si todavía estás interesado en alimentar a tu Staffie con una dieta alternativa a los alimentos comerciales normales, ahora hay varios fabricantes de alimentos para mascotas que están elaborando carnes caseras o crudas congeladas, que pueden adquirirse. Estas comidas, que han sido preparadas por un fabricante, especialmente si contienen alimentos crudos, generalmente habrán sido equilibradas con minerales y vitaminas adicionales, así como analizadas para detectar toxinas y microbios.

# Etiquetas de Alimentos para Mascotas

Entonces, una vez que has decidido que deseas alimentar con una dieta comercial, ya sea húmeda o seca, debes mirar la etiqueta en el empaque. Se puede descifrar mucho de la etiqueta si sabes dónde buscar. Todas las etiquetas de alimentos para mascotas deben contener una lista de ingredientes, que generalmente está en orden de peso, y un análisis garantizado, que detalla el contenido de proteínas, fibra, humedad y grasa del alimento.

## Análisis Garantizado

El análisis garantizado, que detalla la cantidad de proteínas, fibra, humedad y contenido de grasa del alimento, no puede compararse directamente entre alimentos húmedos y secos. Por lo tanto, primero tendrás que hacer algunos cálculos para comprender los niveles reales de estos nutrientes en el alimento. Esto te proporcionará algunas cifras que te permitirán comparar directamente diferentes alimentos.

Los porcentajes del nutriente de interés deben dividirse por el porcentaje de alimento que está seco para que puedan compararse. Por ejemplo:

Un alimento húmedo con un contenido de humedad del 75% será, por lo tanto, 25% seco. Si el contenido de proteínas es del 5%, el cálculo será 5/0,25 = 20% de proteína en base a materia seca.

Un alimento seco con un contenido de humedad del 10% será, por lo tanto, 90% seco. Si el contenido de proteínas es del 20%, el cálculo será 20/0,9 = 22,2% de proteína en base a materia seca.

Una vez que se ha calculado la base de materia seca, el análisis garantizado es una excelente fuente de información. En general, un mayor contenido de proteínas es una buena señal, ya que sugiere que el alimento no está abultado con carbohidratos. Las cenizas y la fibra suelen estar alrededor del 3-4% y la grasa no debe superar el 15% una vez que el alimento se ha ajustado para tener en cuenta el contenido de humedad.

## Ingredientes

Puede haber muchos ingredientes diferentes que componen la comida para perros, y siempre que tu Staffie no tenga alergias, no importa si eliges alimentarlo con pollo, ternera, salmón, etc.

La lista de ingredientes estará en orden de peso. Un alimento para perros siempre debe tener una fuente de proteína cárnica como su primer ingrediente. De esta manera, sabes que no estarás alimentando a tu Staffie con rellenos de carbohidratos, que no comería naturalmente en la naturaleza.

Al observar los ingredientes proteicos, puede haber tres tipos diferentes: carne, subproductos cárnicos (como vísceras y patas de pollo) o "harinas". Las "harinas", que son carne molida deshidratada, contienen casi un 300% más de proteína por gramo en comparación con la carne fresca de la que se derivan, y dado que son ligeras en peso, estarán más abajo en la lista de ingredientes que si el fabricante hubiera utilizado la carne sin procesar.

Puede haber una amplia variedad de carnes utilizadas en la comida para perros, como ternera, pollo, pavo, venado, salmón, cordero o atún, por nombrar algunas. Sin embargo, el hecho de que un alimento esté etiquetado con cierto sabor no significa que contenga únicamente esa carne. Un alimento para perros con sabor a pollo puede tener una pequeña cantidad de ternera y seguir llamándose pollo.

Si tu Staffie tiene alergias, existe la posibilidad de que la comida sea la razón. Los ingredientes en la comida que generalmente desencadenan alergias son las proteínas cárnicas. Los alérgenos comunes son carnes habituales, como pollo o ternera, y por lo tanto, cambiar a una fuente de proteína más novedosa, como venado, pato, pavo o atún, a menudo aliviará algunos de los síntomas.

Las proteínas de pescado en particular son excelentes fuentes de ácidos grasos omega-3 y omega-6. Estos son útiles para garantizar la salud del pelaje, la piel, el cerebro y las articulaciones. En la proporción de 1:3 de omega-3 a omega-6, también pueden tener efectos antiinflamatorios que ayudarán a reducir la incomodidad asociada con la piel inflamada por alergias y las articulaciones artríticas.

Junto con los ingredientes cárnicos, también suele haber ingredientes de carbohidratos y vegetales. Los ingredientes de carbohidratos son frecuentemente a base de granos, como cebada, avena, arroz integral, arroz blanco o maíz. Los granos integrales en particular son ingredientes complejos de alta calidad, que proporcionan fibra, vitamina B, energía y abundantes minerales. La mayoría de los perros no tienen problemas con los granos; sin embargo, anecdóticamente se ha reconocido que exacerban las alergias y causan picazón en la piel. Por lo tanto, si tienes la mala suerte de tener un Staffie que sufre de alergias cutáneas, que se analizan con más detalle en el Capítulo 13, es posible que desees considerar alimentarlo con una dieta sin granos.

Si la dieta es libre de granos, comúnmente se utilizan vegetales con almidón como ingredientes para componer los carbohidratos. Estos incluyen patatas, batatas y calabaza. Estos mantienen el sistema inmunológico saludable con abundantes vitaminas B y C, y la calabaza en particular es muy buena para el sistema digestivo, ya que está llena de fibra.

Otros ingredientes comunes incluyen zanahorias y guisantes. Las zanahorias son ricas en vitamina A, que es buena para la piel, el pelaje, los ojos y la función nerviosa y muscular saludables, y añaden carbohidratos sin agregar más granos. Los guisantes son ricos en fibra, lo que ayuda a la digestión, mantiene los intestinos cómodos y ayuda a mantener una consistencia normal de las heces mediante el control del equilibrio hídrico. También son ricos en proteínas para ser un vegetal, con más del 25%, lo que debe tenerse en cuenta al calcular cuánto del contenido proteico proviene de fuentes cárnicas.

## Control de Peso

Monitorear el peso de tu Staffie es extremadamente importante, ya que puede tener un efecto importante en la salud de tu perro. Es común ver un Staffie con sobrepeso, y es fácil llegar a ese punto sin intención. Alimentar a tu perro es visto como un acto de amor para muchos dueños, por lo que el bocadillo ocasional aquí y allá, aunque con buena intención, puede causar un aumento gradual de peso a lo largo de los años si la comida principal del día no se ajusta en consecuencia.

El sobrepeso puede tener un gran impacto en el hígado en particular. El hígado es el órgano que produce la bilis, una sustancia importante para ayudar a digerir las grasas. Sin una producción efectiva de bilis, es fácil que los perros pierdan peso rápidamente. Además, el hígado filtra las toxinas de la sangre y está involucrado en la excreción de bilirrubina, un subproducto de los glóbulos rojos viejos, por lo que no hace falta decir que, si el hígado no funciona correctamente, tu Staffie se sentirá muy enfermo.

El sobrepeso y la sobrealimentación crónica también pueden conducir a otras enfermedades, como la diabetes. El páncreas es un órgano que produce una hormona llamada insulina. Esta ayuda a reducir los niveles de azúcar en la sangre al captarla en las células para ser utilizada como energía. Sin insulina, los azúcares en la sangre alcanzan un nivel peligrosamente alto, lo que puede hacer que tu Staffie se sienta extremadamente enfermo.

Otra razón para mantener a tu Staffie en óptimas condiciones es reducir el estrés en sus articulaciones. En el Capítulo 13, analizamos cómo los Staffordshire Bull Terriers son propensos a condiciones articulares como la displasia de cadera y codo, y en el Capítulo 14, leerás sobre cómo la artritis puede desarrollarse más adelante en la vida. Para darle a tu Staffie la mejor oportunidad de mantener sus articulaciones saludables y libres de dolor, mantenerlo delgado definitivamente ayudará.

Entonces, sabemos por qué es mejor mantener a tu Staffie delgado, pero ¿cuál es el peso ideal para él? Debido a la variedad de tamaños dentro de la raza, no hay un peso ideal que un Staffie deba tener. Es mejor monitorear su peso evaluando regularmente su puntuación de condición corporal. Este es un sistema de puntuación de condición del uno al nueve, siendo uno emaciado y nueve obeso. Una puntuación ideal está entre cuatro y cinco. La puntuación es la siguiente:

**BCS 1** = Extremadamente bajo de peso. Costillas, vértebras lumbares, huesos pélvicos y prominencias óseas son visibles desde la distancia. Pérdida importante de músculos y sin grasa corporal evidente.

**BCS 3** = Bajo de peso. Costillas fácilmente palpables y pueden ser apenas visibles. No hay mucha grasa presente. Cintura obvia y abdomen claramente recogido. Algunas prominencias óseas visibles. Parte superior de las vértebras lumbares fácilmente visibles.

**BCS 5** = Peso ideal. Costillas fácilmente palpables con una cobertura mínima de grasa. La cintura puede verse cuando se está detrás del perro. Costillas apenas visibles cuando se mira desde arriba del perro. Abdomen recogido cuando se ve desde el lado.

**BCS 7** = Sobrepeso. Gruesa capa de grasa sobre las costillas y difícil de palpar. Depósitos de grasa notables en la región lumbar de la espalda y base de la cola. Dificultad para ver la cintura. Ligero pliegue abdominal.

**BCS 9** = Obeso. Depósitos de grasa muy grandes sobre la base de la cola, columna vertebral y pecho. Sin cintura ni pliegue abdominal. Abdomen distendido. Depósitos de grasa alrededor del cuello y extremidades.

Aunque el Staffie tiene un pelaje corto, y por lo tanto muchas de estas áreas son visibles, sigue siendo importante palpar las áreas para comprender completamente el nivel de grasa que cubre los huesos. Siendo cuidadoso con lo que le das de comer a tu Staffie, junto con el monitoreo regular de su peso, es mucho más probable que tengas un perro saludable cuya compañía podrás disfrutar hasta bien entrada su vejez.

# CAPÍTULO 10
# Cuidado Dental

Lo que atrae a muchas personas a los Staffordshire Bull Terrier es su enorme sonrisa, que a menudo se extiende de oreja a oreja. Frecuentemente, esto viene acompañado de abundante jadeo y lamidas en tu rostro. Sin embargo, lo último que deseas con todo esto es una boca llena de dientes podridos y mal aliento cerca de tu cara. Esta es solo una razón por la que mantener una buena higiene oral de tu perro es importante.

## Importancia del Cuidado Dental

Es demasiado común que los dueños descuiden la higiene dental de la boca de sus perros. A menudo, esto no se debe a una negligencia intencionada, sino más bien a una falta de comprensión sobre lo que se requiere para mantener una boca saludable. Después de todo, los perros salvajes nunca tienen sus bocas inspeccionadas ni sus dientes cepillados, y logran limpiar sus dientes de manera relativamente efectiva al masticar huesos. Este es un argumento común utilizado por las personas interesadas en alimentar a sus perros con una dieta de alimentos crudos, de lo cual se habló en el capítulo anterior.

Sin embargo, desafortunadamente, la mayoría de nuestros perros domésticos ya no consumen alimentos que permiten que sus dientes se mantengan en buenas condiciones, y las enfermedades dentales son extremadamente comunes. Algunas razas son más propensas a padecerlas que otras y, por suerte, los Staffies no son una de esas razas. No obstante, con una rutina de cuidado dental, tú puedes evitar que tu Staffie tenga mal aliento y dientes en mal estado, lo que puede provocar dolor oral y pérdida de piezas dentales. Esta rutina debe reforzarse desde una edad temprana, ya que de lo contrario el cepillado de dientes no será bien tolerado.

## Anatomía Dental

Hay varias partes diferentes del diente; algunas que puedes ver y otras que están enterradas en la encía. La parte principal del diente sobre la encía se llama corona, y debajo de la encía se llama raíz. Dependiendo del tipo de diente, puede tener una, dos o incluso tres raíces. Donde la corona se encuentra con la raíz suele ser alrededor de la línea de la encía. Esta es un área de particular interés, ya que es comúnmente donde el sarro puede acumularse debido a una mala higiene dental.

Foto cortesía de Beth Williams

Cuando nace un cachorro, tendrá muy pocos dientes. En las semanas siguientes, comienzan a erupcionar los dientes deciduos (de leche) afilados como navajas. Un cachorro eventualmente tendrá 28 dientes deciduos. Durante el primer año de vida, estos se caen y 42 dientes adultos aparecen en su lugar. A veces, los dientes deciduos no son empujados correctamente por los dientes adultos en erupción y necesitan ser extraídos por un veterinario.

Hay diferentes tipos de dientes en las diversas partes de la boca, todos los cuales tienen diferentes funciones. Los incisivos están en la parte frontal. Estos se utilizan para mordisquear la carne cerca del hueso. A continuación están los grandes caninos, que se utilizarían durante la caza para agarrar a su presa. Finalmente, a lo largo de las mejillas están los premolares y molares. Estos dos tipos de dientes son más planos y se utilizan para moler y triturar alimentos más duros.

Un diente está compuesto por varios elementos, de los cuales una gran parte es la dentina; un tipo de hueso. Cubriendo la dentina hay una capa de esmalte, que protege al diente del ambiente exterior. En el centro del diente hay una parte carnosa, conocida como la pulpa. Esta contiene muchos nervios y puede ser extremadamente dolorosa si se daña. La raíz del diente se asienta en un alvéolo en el hueso de la mandíbula o el cráneo, y se mantiene en su lugar mediante un ligamento extremadamente fuerte, conocido como el ligamento periodontal.

# Acumulación de Sarro y Gingivitis

El sarro, que también se conoce comúnmente como placa, es cuando el material alimenticio y las bacterias se acumulan alrededor del área donde la corona, la raíz y las encías se encuentran. Esto ocurre más comúnmente cuando un perro se alimenta únicamente con una dieta de alimentos húmedos. Las encías contienen muchos vasos sanguíneos, y por lo tanto las células inflamatorias acuden a la zona. Esto es una reacción a las bacterias que están en contacto con las encías, pero puede causar un dolor significativo. La inflamación de las encías se conoce como gingivitis. La gingivitis puede progresar aún más hacia la enfermedad periodontal, por la cual el ligamento periodontal se debilita debido a la inflamación y ya no mantiene los dientes en su lugar, lo que resulta en la pérdida de dientes.

La pérdida de dientes no ocurre de la noche a la mañana, y por lo tanto el diente suele estar flojo durante un período prolongado antes de que finalmente se caiga. Esto significa que cada vez que tu perro mastica algo duro, causa una incomodidad significativa en esa área. Para algunos perros, esto hace que pierdan peso ya que no quieren comer tanto, mientras que para otros perros, continuarán comiendo felizmente, a pesar de la incomodidad y el mal sabor en su boca. Los Staffies generalmente aman su comida y caen en la segunda de esas categorías.

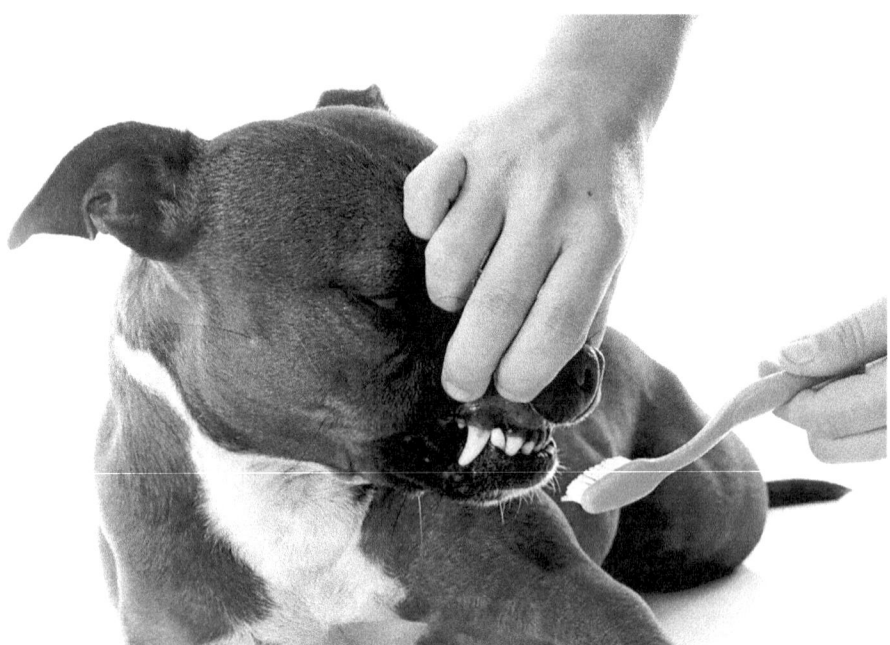

Para prevenir la gingivitis, primero debes prevenir la acumulación de sarro. El tratamiento de la acumulación de sarro se puede realizar, pero a menudo requiere un procedimiento dental, del cual se habla más adelante en el capítulo.

# Cuidado Dental

El cuidado de los dientes de tu Staffie se aborda mejor desde varios ángulos diferentes. No existe un método único para mantener limpios los dientes de tu perro, sino que es mejor utilizar múltiples métodos para mantener dientes blancos brillantes y aliento fresco. El cuidado dental debe convertirse en parte de una rutina diaria, iniciada desde la etapa de cachorro, ya que esto evitará el deterioro de la boca. Sin embargo, si has adquirido tu Staffie a una edad más avanzada, tal vez a través de un centro de rescate, nunca es demasiado tarde para comenzar a asegurarte de que tenga dientes limpios, ya que aunque no puedas resetear su boca a la de un cachorro, definitivamente evitarás cualquier acumulación adicional de sarro y reducirás la gingivitis.

## Cepillado de Dientes

Todos los dueños deberían cepillar los dientes de su perro todos los días. Esto es un gran esfuerzo para muchas personas, pero dedicar algo de esfuerzo beneficiará enormemente a tu Staffie a lo largo de su vida. Cepillar los dientes ayudará a mantenerlos limpios, reducirá la cantidad de sarro y mantendrá el aliento fresco. También asegurará que tú estés revisando la boca regularmente y cualquier cambio puede ser detectado temprano.

Para cepillar la boca de tu perro, necesitarás un cepillo de dientes y pasta dental. Esto puede añadirse a tu lista de cosas para comprar en el Capítulo 3. Sin embargo, no puedes usar pasta de dientes regular, ya que puede ser altamente tóxica para los perros, provocando niveles erráticos de glucosa en sangre y daño hepático. De todos modos, a tu perro le gustará mucho más el sabor a carne de una pasta de dientes para perros, que puedes comprar en internet, en clínicas veterinarias y en muchas tiendas de mascotas. La pasta de dientes para perros funciona mediante acción enzimática. Es cuando las enzimas en la pasta de dientes trabajan para disolver cualquier nueva acumulación de sarro en la superficie de los dientes, reduciendo así las bacterias y refrescando el aliento.

Idealmente, el mejor método para aplicar la pasta de dientes es con un cepillo de dientes. Puede comprar cepillos de dientes para perros que están diseñados para un uso fácil y son más firmes que los cepillos de dientes humanos. Sin embargo, los cepillos de dientes de dedo también funcionan bien si no se tolera un cepillo de dientes para perros. Para perros que son mayores y no están acostumbrados a que les cepillen los dientes, untar la pasta de dientes en los dientes es mejor que no usar la pasta de dientes en absoluto, ya que la acción enzimática por sí sola ayudará a disolver el sarro. Asegúrate de que todos los dientes estén cubiertos, incluidos los pequeños incisivos en la parte frontal y los molares en la parte posterior. Las mejillas musculosas de tu Staffie deberán ser retiradas hacia atrás para alcanzar estos dientes.

Cuando hayas terminado de cepillar los dientes de tu perro, asegúrate de que vaya seguido de mucho refuerzo positivo. Los perros más sensibles, o los perros que no están acostumbrados a ello, pueden encontrar el cepillado de dientes un poco estresante, así que cuanto más positivo seas tú, más aceptará tu Staffie.

## Masticables Dentales

Los masticables dentales son una buena manera de mantener los dientes de tu perro saludables, y una forma que seguramente apreciará. Tu perro no será consciente de que este delicioso premio es en realidad para su beneficio. Es importante tener en cuenta que, aunque dar masticables dentales es mucho más fácil que cepillar, no son un reemplazo del cepillado. Siempre deben usarse en combinación.

Los masticables dentales están formados para proporcionar algún tipo de abrasión o fricción a la superficie del diente para que el sarro se rompa o se desprenda. Como con todos los premios, no están libres de calorías, por lo que es importante calcular cuántas calorías deben eliminarse de la comida normal de tu perro. De lo contrario, puedes terminar con un Staffie bastante con sobrepeso.

Algunos dueños encontrarán los masticables dentales regulares demasiado poco saludables y preferirían optar por un tipo de masticable más natural. Estas opciones típicamente incluyen huesos, astas y orejas de cerdo. Ten en cuenta que, dado que todos estos son duros, si se tragan pueden provocar obstrucciones intestinales potencialmente mortales. Por lo tanto, si se los das, debes supervisar a tu Staffie en todo momento. De estas opciones, las astas son las más seguras para dar a tu perro. No solo tu perro no ingerirá nada, y por lo tanto no tienes que preocuparte por las calorías adicionales; además, las astas no se astillan como los huesos y, por lo tanto, el riesgo de obstrucciones gástricas o perforaciones se reduce significativamente. Por otra parte, las astas no huelen y duran mucho más que otros premios naturales.

## Enjuague Dental

El enjuague dental es fácil de añadir a la rutina diaria de tu perro. Al igual que el enjuague bucal humano, debe usarse diariamente para marcar la diferencia. Al usar enjuague bucal para perros, no es necesario enjuagar la boca con él todos los días. En cambio, se puede agregar al agua potable, siempre que el agua potable se cambie diariamente. Nunca debes considerar usar enjuague bucal humano, ya que, como la pasta de dientes humana, es tóxica para los perros y puede causar daño a los órganos internos.

El enjuague dental funciona de manera similar a la pasta de dientes. Contiene enzimas que ayudan a disolver el sarro recién acumulado en los dientes. Sin embargo, no descompondrá el sarro que se ha estado acumulando durante un tiempo. El enjuague dental puede venir en una variedad de sabores, pero la menta es popular. A algunos perros no les gusta este sabor en su agua potable, por lo que debes monitorear la ingesta de agua para asegurarte de que siga recibiendo suficientes líquidos.

## Alimento Dental

Hay varios alimentos dentales para perros disponibles en el mercado de fabricantes líderes que están demostrando ser muy efectivos. El alimento dental solo viene en forma de croquetas secas, ya que el alimento húmedo no tiene ningún efecto positivo en los dientes. La forma en que funciona es que los tamaños de las croquetas son bastante grandes, lo que requiere que el perro las muerda con cierto esfuerzo antes de poder tragar la comida. Las piezas de croquetas tienen una textura que crea abrasión contra el borde del diente, eliminando así parte de la acumulación de sarro.

Si tu perro tiene dientes excelentes, no hay necesidad de cambiar su dieta a una dieta dental. En cambio, un alimento seco normal suele ser suficiente para controlar la acumulación de sarro.

# Procedimientos Dentales

Con suerte, con el cuidado dental mencionado anteriormente desde una edad temprana, nunca tendrás que realizar un procedimiento dental en tu perro. Sin embargo, si solo has adoptado un perro mayor, o no has sido constante con el cuidado dental de tu perro, es posible que necesites un procedimiento dental en algún momento. Cada año, cuando lleves a tu perro al veterinario para su refuerzo anual de vacunas, tu veterinario debe revisar los dientes. Él podrá recomendar si un procedimiento dental será beneficioso.

Foto cortesía de
*Shelby Hanby*

Los procedimientos dentales rara vez son difíciles, y cualquier veterinario de práctica general podrá realizarlos en tu clínica veterinaria. La mayoría de las clínicas veterinarias realizan procedimientos dentales a diario, por lo que la mayoría de los veterinarios tendrán mucha experiencia en esto.

Un procedimiento dental es un procedimiento de día y tu Staffie no estará lejos de ti por más de un día, siempre que no haya complicaciones. El procedimiento requerirá anestesia general, ya que las herramientas dentales pueden ser afiladas y tratar de usarlas en un Staffie consciente, inquieto y excitable es un desastre esperando suceder.

Deberás dejar a tu perro por la mañana, sin haber desayunado, ya que la anestesia puede hacer que los perros se sientan nauseosos. Una vez que tu perro haya recibido la anestesia, el veterinario comenzará por escalar los dientes. Esto elimina todo el sarro y permitirá al veterinario evaluar completamente la unión donde la corona se encuentra con la raíz. A continuación, pasará una sonda alrededor de las raíces de los dientes, y si hay bolsas en el ligamento periodontal o dientes flojos, estos deberán ser extraídos.

Para extraer un diente, primero es necesario debilitar y romper el ligamento periodontal. Esto se hace usando una herramienta llamada elevador. Una vez que el diente está suelto, se utilizará una tracción suave para extraer el diente. A veces, el veterinario cerrará el alvéolo con un punto, y a veces se mantendrá abierto, dependiendo de la salud de la boca, en términos de carga bacteriana, y de qué tan grande sea el agujero.

Después del procedimiento dental de tu Staffie, si le han extraído dientes, es posible que necesite alimentos blandos durante unos días; sin embargo, su boca estará significativamente más cómoda de lo que estaba anteriormente, independientemente de lo que esté comiendo. Tu veterinario puede querer volver a revisar la boca unos días después para asegurarse de que los alvéolos estén cicatrizando bien.

La prevención siempre es mejor que la cura, así que aunque tu veterinario puede hacer que la boca de tu Staffie se vea como la de un cachorro nuevamente, mantener la boca de tu Staffie en buenas condiciones desde la etapa de cachorro siempre es una mejor opción. Con un cuidado dental diligente desde el principio, puedes asegurarte de que tu Staffie tenga una boca saludable, sin dolor y con aliento fresco.

# CAPÍTULO 11
# **Acicalamiento**

## Sobre el Pelaje

Los Staffordshire Bull Terrier son excelentes perros para quienes desean realizar un acicalamiento mínimo. Su pelaje es corto y de bajo mantenimiento, y sin importar cuánto o cuán poco lo cepilles, siempre lucirá y se mantendrá igual. El pelaje es pegado a la piel y generalmente bastante áspero. Puede presentarse en seis variedades de color: rojo sólido, leonado, blanco, negro, azul o atigrado, o a veces una mezcla de varios de estos colores.

A pesar de que el pelaje es corto, sigue mudando durante todo el año, incluso durante el invierno. Por lo tanto, aunque tu casa tendrá significativamente menos pelo en el suelo en comparación con una raza de pelo largo, aún requerirá aspirar regularmente. Esto también significa que tu Staffie puede no ser adecuado para personas alérgicas a los perros, aunque las alergias a los perros a menudo están relacionadas con la caspa en el pelaje, más que con el pelaje en sí.

## Salud del Pelaje

Mantener el pelaje en buen estado no es un desafío cuando se trata de Staffies. Un cepillado cada pocos días con un cepillo de cerdas para eliminar el pelo muerto será suficiente para minimizar la caída.

El pelaje de un Staffie no debería oler naturalmente, por lo que el baño solo debe realizarse cuando sea necesario. Bañarlo con demasiada frecuencia puede eliminar los aceites naturales del pelaje y resecar la piel, haciéndola menos impermeable y más vulnerable a los desafíos del entorno. Un enjuague rápido después de un paseo embarrado y un baño completo con champú una vez cada par de meses es todo lo que se requiere.

Dicho esto, los Staffies son propensos a alergias cutáneas, tema que se analiza con más detalle en el Capítulo 13. Si tienes un perro con alergias cutáneas, no debes usar champú normal para perros, ya que puede empeorar los síntomas. En su lugar, debe utilizarse el champú recomendado por tu veterinario, que generalmente también tiene propiedades antibacte-

Foto cortesía de
Bethany Hughes

rianas. La razón por la que esto es particularmente importante para un perro con alergias es porque la barrera cutánea no es tan efectiva como la piel de un perro normal contra las bacterias comensales regulares en la piel; por lo tanto, las infecciones cutáneas son significativamente más comunes en perros que sufren de alergias.

# Parásitos Externos

Existen varios tipos diferentes de parásitos externos que pueden alojarse en el pelaje de tu Staffie. Una vez que lo han hecho, puede ser un desafío eliminarlos. Por lo tanto, la prevención siempre es mejor que la cura.

El mercado está inundado de tratamientos y prevenciones antiparasitarios, por lo que a veces resulta abrumador saber cuáles elegir. Es mejor permitir que tu veterinario tome la iniciativa y te aconseje sobre los productos más adecuados para tu perro. Los productos comprados en la tienda de mascotas también suelen ser menos efectivos que los adquiridos en el veterinario, ya que los veterinarios pueden vender aquellos que son más potentes y tienen menos resistencia a ellos.

Hay varios parásitos diferentes para los que quizás desees proporcionar protección. Las pulgas son las que generalmente vienen primero a la mente de las personas. Las pulgas son parásitos que saltan y se alimentan de la sangre de tu Staffie. Sus picaduras pueden ser extremadamente irritantes. Lo que la mayoría de las personas no sabe es que el 95% de las pulgas viven en el entorno en lugar de en el perro, por lo que si tu perro tiene un problema, tu casa también. Por lo tanto, si estás tratando pulgas que ya has visto en tu perro, además de darle un producto para prevenir las pulgas, también debes tratar tu casa. Puedes hacer esto lavando toda la ropa de cama con agua caliente, aspirando a fondo, especialmente en áreas oscuras y cálidas, y rociando la casa con spray insecticida para pulgas. Esto tendrá que hacerse mensualmente durante tres meses para controlar un brote, ya que los productos no matan los huevos sin eclosionar, por lo que los tratamientos repetitivos matarán las larvas después de que hayan eclosionado antes de que maduren hasta convertirse en adultos.

Las garrapatas también son parásitos externos para los que puedes desear aplicar productos, ya sea para prevenir o tratar. Las garrapatas se encuentran comúnmente en áreas boscosas o de pastos altos, especialmente donde también se encuentran animales salvajes como ciervos. Si vives en un área así, tener un collar de prevención de garrapatas de larga duración en tu perro asegurará que la cobertura protectora no caduque si olvidas

Foto cortesía de
Kieran Tidyman

aplicar un tratamiento. Si tu perro tiene una garrapata, es posible que solo la notes después de que haya estado allí un par de días y se haya hinchado significativamente por succionar sangre. Las garrapatas pueden transmitir enfermedades como la enfermedad de Lyme, la parálisis por garrapatas y la babesiosis, pero estas son poco comunes. Es más probable que una garrapata cause una infección cutánea local en el área de la picadura, y por lo tanto debe eliminarse tan pronto como se encuentre. Esto puede hacerse fácilmente con un tenedor extractor de garrapatas. Coloca las piezas del tenedor a ambos lados de la cabeza de la garrapata, debajo del cuerpo, luego gire y tire. No intentes quitar la garrapata con pinzas, ya que generalmente termina con la cabeza rompiéndose y quedándose dentro. Esto puede provocar infecciones y abscesos. Si no estás seguro de cómo quitar una garrapata tú mismo, tu veterinario local o enfermero veterinario estará encantado de ayudarle.

Otros parásitos externos contra los que también puedes desear proteger o tratar son los piojos o ácaros. Estos son mucho menos comunes que las pulgas y las garrapatas, y es probable que se adquieran si tu Staffie ha estado cerca de un animal infectado, que generalmente es fauna silvestre. Un ácaro de particular preocupación que puede adquirirse de esta manera es el ácaro Sarcoptes scabiei que causa sarna sarcóptica, generalmente transmitida por zorros. Algunos tratamientos preventivos de aplicación puntual para pulgas también protegen contra la sarna sarcóptica, pero estos son los tratamientos disponibles solo con receta de tu veterinario, en lugar de los productos más baratos vendidos en el supermercado.

La sarna demodécica, por otro lado, no se contrae de otro animal, sino que ocurre cuando uno de los ácaros naturalmente residentes en la piel de un perro, Demodex canis, crece fuera de control, generalmente debido a un sistema inmunológico debilitado. Esta es una condición que siempre debe recibir atención veterinaria.

Los tratamientos para parásitos externos pueden presentarse en varias formas, y el que elijas depende de la preferencia personal y la facilidad de administración en tu perro. Hay pipetas de aplicación puntual, que se colocan sobre la piel en la parte posterior del cuello, tabletas, golosinas masticables, collares, aerosoles y champús. Cada marca tendrá una duración de eficacia diferente, y por lo tanto no asumas que todos deben aplicarse mensualmente.

# Corte de Uñas

El corte de uñas es una parte esencial del mantenimiento de tu perro. Sin un corte regular, las uñas pueden crecer excesivamente largas y curvarse alrededor y cortar las almohadillas de la pata, o engancharse en lugares y causar esguinces en los dedos. Es mejor acostumbrar a tu Staffie al corte de uñas desde una edad muy temprana, ya que si solo se les presenta por primera vez más adelante, puedes ponerlos nerviosos. Si has rescatado un Staffie adulto, entonces es probable que esto sea algo con lo que tendrá que lidiar. Es mejor tomarlo con calma y primero acostumbrarlo a la idea de que le levanten las patas y las manipulen, antes de pasar a cortar las uñas.

Para cortar las uñas, querrás comprar un cortaúñas en tu tienda local de mascotas. Estos vienen en una variedad de tamaños; uno grande será el más apropiado para tu Staffie, ya que tienden a tener uñas bastante grandes y gruesas.

Las uñas están hechas de queratina, muy parecidas a nuestras uñas. En el centro hay una pulpa carnosa, que contiene nervios y vasos sanguíneos. Si las uñas se cortan demasiado cortas, entonces es fácil alcanzar la pulpa y hacer que la uña sangre. Esto puede ser muy doloroso, y una mala experiencia como esta es algo que tu perro puede recordar para la próxima vez. Si tu perro tiene uñas claras, generalmente puedes ver la pulpa, pero si son negras puede ser mucho más difícil determinar dónde está. Para algunos perros, puedes girar la pata boca arriba, ya que a veces la queratina no encierra completamente la pulpa, y por lo tanto puedes verla. Sin embargo, para otros perros, la queratina puede encerrarla completamente, y por lo tanto todo lo que puedes hacer es cortar lentamente pequeños trozos y ser conservador. Si accidentalmente alcanza la pulpa, no entres en pánico; simplemente aplica una presión firme con un trozo de algodón durante cinco minutos. Si no estás seguro de cortar las uñas tú mismo, puedes pedirle a tu veterinario, enfermero veterinario o peluquero local que lo haga por ti.

No necesitarás cortar las uñas con tanta frecuencia si se mantienen naturalmente cortas. Esto se puede hacer hacienda caminar a tu perro frecuentemente en terrenos más duros como hormigón y aceras.

# Limpieza de Oídos

Los oídos generalmente se limpian solos, por lo que para muchos Staffies, no tendrás que limpiarlos regularmente. Sin embargo, si a tu Staffie le encanta nadar, mete la cabeza en agujeros o sufre de alergias cutáneas,

*Foto cortesía de*
*Holly Arrow*

puede ser más susceptible a tener oídos sucios e inflamados, lo que puede llevar a infecciones de oído. La limpieza rutinaria puede ayudar a evitar esto. En última instancia, debes limpiar los oídos de tu perro con la frecuencia que tu veterinario recomiende, pero una buena recomendación es limpiarlos después de cada vez que tu perro vaya a nadar en un lago sucio, o una vez cada par de semanas si tu Staffie sufre de alergias cutáneas.

El limpiador de oídos cumple varios propósitos. Elimina la acumulación de cera y residuos, además de asegurar que el ambiente del oído esté a un pH donde las bacterias y levaduras no crezcan. Hay muchos limpiadores de oídos en el mercado, pero su clínica veterinaria local venderá una marca aprobada por veterinarios.

Para limpiar el oído, levanta la solapa de la oreja e inserta la boquilla en el canal auditivo. Da un generoso apretón de la botella, luego coloca la solapa de la oreja sobre la salida del canal auditivo para que el limpiador de oídos no pueda filtrarse. Da un masaje en la oreja durante aproximadamente un minuto, luego suelta y retrocede. Es muy probable que tu perro sacuda la cabeza, y esto es algo bueno, ya que lleva toda la cera a la parte superior del canal auditivo. Una vez que esto haya sucedido, puedes limpiarla suavemente con un poco de algodón y repetir con el otro lado.

# Glándulas Anales

Si alguna vez has olido a un perro con las glándulas anales llenas, nunca lo olvidarás. Las glándulas anales tienen un olor distintivo y espantoso a pescado, y si se han llenado o impactado, tu perro lo encontrará muy incómodo. Puedes notar que arrastra su trasero por el suelo para aliviarse de ellas, o que lame constantemente su parte trasera. Si eres particularmente desafortunado, puedes encontrar una o más manchas de olor extremadamente fuerte en la cama de tu perro o en tu sofá, lo que indicará que tienes un problema de glándulas anales.

Las glándulas anales son dos sacos redundantes que se sitúan a las 4 y 8 en punto justo dentro del ano. Si tu perro ha tenido heces sueltas recientemente, o sus glándulas anales son anormales en forma o posición, entonces el material fecal puede quedar fácilmente atrapado en ellas. Esto lleva a impactaciones y abscesos si no se atiende.

Tu veterinario, enfermero veterinario o peluquero puede vaciar las glándulas anales de tu Staffie insertando suavemente un dedo en el ano y apretándolas. La mayoría de los peluqueros revisarán las glándulas anales de forma rutinaria durante una visita de acicalamiento, aunque esto no es necesario si tu perro rara vez tiene problemas con ellas. Sin embargo, si encuentras que tu Staffie tiene frecuentemente impactaciones de glándulas anales, mantenerlas lo más vacías posible con revisiones rutinarias, así como aumentar la fibra en su dieta con suplementos de fibra para mantener las heces firmes, ayudará enormemente a su comodidad.

En general, los Staffordshire Bull Terrier son perros fáciles de mantener en cuanto al acicalamiento; sin embargo, se requiere algo de trabajo en casa para mantener al día su salud general del pelaje, oídos y uñas. El Staffie puede ser propenso a alergias cutáneas, pero en todos los demás casos, esta es una raza de bajo mantenimiento, y las visitas al peluquero son más una cuestión de preferencia que una necesidad.

# CAPÍTULO 12
# Medicina Veterinaria Preventiva

Aunque tú podrías tener la suerte de contar con un perro que pasa muy poco tiempo en el veterinario, siempre existe la posibilidad de encontrarse con un Staffie cuya personalidad te lleve a visitar al veterinario con bastante frecuencia. Masticar juguetes y tragárselos, comerse un pastel de frutas entero robado de la encimera, y correr a través de arbustos o alambres de púas y resultar herido son escenarios comunes. Por lo tanto, es una buena idea encontrar desde el principio un veterinario que te agrade y en quien confíes. Este capítulo te ayudará a comprender tus opciones cuando se trata de elegir un veterinario y obtener tratamientos preventivos.

## Cómo Elegir un Veterinario

Elegir un veterinario es tan importante como elegir un médico. Querrás encontrar uno en quien puedas confiar, que tenga un trato agradable con tu Staffie y que esté disponible cuando lo necesites. Siempre debes buscar uno que se encuentre a poca distancia en coche de tu hogar, ya que en ocasiones podrías necesitar llevar a tu perro al veterinario con urgencia. Además, para las citas rutinarias, es más conveniente si tu veterinario está cerca. Pero hay

Foto cortesia de
Ian Dawson

muchos otros factores a considerar al elegir un veterinario, desde el costo hasta los conocimientos, servicios y más.

## Finanzas

Los gastos veterinarios no son económicos, por lo que encontrar un veterinario asequible puede ser una prioridad en tu lista. Dicho esto, a menudo obtendrás lo que pagas, y un veterinario más costoso puede tener más experiencia o mejor equipamiento con el que trabajar. Los precios suelen diferir entre las clínicas veterinarias de cadena y las clínicas veterinarias independientes. Las grandes prácticas corporativas de cadena, que se gestionan desde una sede central, tendrán menos costos generales ya que se distribuyen en toda la empresa. También podrán realizar pedidos al por mayor y generalmente tienen acuerdos con compañías farmacéuticas para mantener sus precios bajos. También pueden ofrecer promociones a nivel de toda la empresa, como "semana dental" o "semana de concienciación sobre bultos" donde puede obtener revisiones dentales o de bultos gratuitas.

Las clínicas veterinarias independientes suelen ser un poco más caras que las prácticas de cadena; sin embargo, en este tipo de establecimientos encontrarás un ambiente familiar en el edificio y, por lo general, personal con más experiencia que ha estado trabajando en la práctica durante gran parte de su carrera.

También vale la pena investigar si tu potencial nueva clínica veterinaria ofrece tarifas mensuales para mantenerte al día con tus tratamientos preventivos. Algunos organizarán un acuerdo donde puedes pagar una cuota mensual que cubre sus vacunas, tratamientos antiparasitarios, tratamientos contra pulgas y un descuento en alimentos y servicios. Esta es una oferta útil a la que suscribirse, ya que ahorra mucho dinero a largo plazo y también te recuerda tratar regularmente a tu Staffie.

## Servicios Fuera de Horario

Encontrarás bastante variedad de enfoques para los servicios fuera de horario en diferentes clínicas veterinarias. Algunas proporcionarán servicios fuera de horario toda la noche, otras ofrecerán servicios hasta la tarde y luego cambiarán a un proveedor externo, y otras utilizarán un proveedor de servicios fuera de horario toda la noche y los fines de semana.

Cada persona tendrá sus preferencias individuales sobre qué opción prefiere. Lo bueno de que tu veterinario proporcione servicios fuera de horario es que sabes con quién vas a tratar. Será un entorno familiar para tu perro y, por lo tanto, parte del estrés, en una situación estresante en medio de la noche, se eliminará.

Foto cortesía de
Ffion Stapleton

No obstante, un proveedor externo también tiene sus beneficios. Aunque tendrás que ir a una clínica veterinaria desconocida y ver una cara no familiar, los veterinarios que trabajan para proveedores especializados fuera de horario suelen ser especialistas en emergencias y cuidados críticos. También solo trabajan en turnos nocturnos o de fin de semana, lo que significa que estarán más descansados que tu veterinario local que proporciona el servicio. Desafortunadamente, los proveedores externos suelen ser más caros que si un veterinario local proporcionara los servicios fuera de horario.

## Especialistas

Las clínicas veterinarias pueden variar enormemente en número de personal, así como en experiencia. Algunas prácticas serán simples consultorios unipersonales, mientras que otras pueden tener equipos de 15 o más veterinarios trabajando bajo un mismo techo. Con el mayor número de miembros del personal, también existe el potencial para más variación en la experiencia. Algunos veterinarios pueden ser recién graduados, mientras que otros pueden tener cualificaciones especializadas. Siempre es conveniente visitar una clínica que emplee a veterinarios con cualificaciones adicionales en campos como oftalmología, ortopedia y cardiología, ya que si tu Staffie alguna vez tiene un problema, puede ser atendido y tratado en una clínica veterinaria familiar. Esto evita la necesidad de derivación a un centro especializado.

## Servicios Adicionales

Algunas clínicas veterinarias también ofrecen servicios adicionales, que pueden o no ser de tu interés. Estos podrían incluir servicios de peluquería, hospedaje, consultas con enfermeras, clínicas de control de peso, clínicas para diabéticos y clases para cachorros. Tener acceso a estos servicios es una gran oportunidad para llevar a tu perro al veterinario para una experiencia positiva, en lugar de solo cuando está enfermo o necesita su vacunación anual.

# Vacunaciones

Todos los perros deben recibir vacunas, ya que hay algunas enfermedades mortales en el mundo canino, y por lo tanto es negligente no vacunar a tu perro. La mayoría de las clases para cachorros y residencias caninas requerirán que cualquier perro que asista esté al día con sus vacunas principales. A pesar de esto, hay algunas personas que se oponen firmemente a las vacunas. Si este es tu caso, vale la pena permitir que tu cachorro al menos tenga su curso inicial de vacunas, y luego hacer un análisis de sangre cada año para verificar que sus niveles de inmunidad siguen siendo suficientes.

El curso inicial de vacunas variará dependiendo de la marca de la vacuna, pero en general, requerirá dos o tres inyecciones, aproximadamente con 3-4 semanas de diferencia. Después de eso, una vacuna de refuerzo anual es todo lo que se necesita para mantener la inmunidad. Las siguientes enfermedades se vacunan de forma rutinaria:

- **Moquillo** – Esta vacunación es en forma de inyección. El moquillo es una enfermedad que causa tos, estornudos, vómitos, diarrea, letargo y enrojecimiento de los ojos, antes de extenderse al cerebro y causar síntomas como convulsiones. También causa endurecimiento de las almohadillas y la nariz.

- **Hepatitis** – Esta vacunación es en forma de inyección. La hepatitis es una inflamación del hígado causada por el Adenovirus Canino. Esto causa síntomas como dolor abdominal, letargo, diarrea, vómitos, ganglios linfáticos agrandados, pérdida de apetito, inflamación del cerebro y, eventualmente, la muerte.

- **Parvovirus** – Esta vacunación es en forma de inyección. El parvovirus es una enfermedad potencialmente mortal que es común entre los cachorros. Causa diarrea sanguinolenta profusa y ocasionalmente vómitos. Los cachorros mueren rápidamente por deshidratación. Es extremadamente contagioso.

- **Leptospirosis** – Esta vacunación es en forma de inyección. Se vacuna contra hasta cuatro cepas dependiendo de la marca de la vacuna. Los perros entran en contacto con la leptospirosis a través del agua contaminada. Afecta a los riñones, el hígado, el sistema nervioso central y el sistema reproductivo, y causa síntomas como vómitos, diarrea, letargo, fiebre y amarilleamiento de la piel y los ojos.

- **Parainfluenza y Bordetella** – Estas vacunaciones se administran en combinación en una vacuna que se rocía en una fosa nasal del perro. Juntas forman una enfermedad compleja llamada Tos de las Perreras. Esta es una enfermedad respiratoria altamente contagiosa que causa una tráquea inflamada, tos seca y abundante flema.

- **Rabia** – Esta vacunación es en forma de inyección. En áreas endémicas de rabia, es vital que se administre esta vacunación. La rabia es un virus muy peligroso que puede transmitirse a los humanos a través de mordeduras. Causa salivación excesiva, agresión y cambios de compor-

Foto cortesía de Tammy Duffy

tamiento que progresan rápidamente hasta la muerte en una semana para el 100% de los casos que muestran síntomas clínicos.

Aunque esto puede parecer muchas vacunas, la mayoría de los fabricantes combinarán las primeras cuatro en una sola inyección, para que tu perro no parezca un alfiletero.

# Microchip

El microchip es una parte vital del cuidado de tu perro. Si tu perro se pierde, es robado o se escapa, podría perder fácilmente una placa de identificación en un collar; sin embargo, no puede perder un microchip que ha sido implantado.

Los microchips son pequeñas piezas de metal del tamaño aproximado de un pequeño grano de arroz, insertadas debajo de la piel en la región de los omóplatos. Al escanearlo, se revela un número único. Este número está registrado con tus datos en la empresa del microchip, y por lo tanto puedes reunirse fácilmente con tu perro.

Como se discutió en el Capítulo 8, los microchips solo son útiles si mantienes tus datos actualizados con los fabricantes del microchip. Si cambias de número de teléfono móvil o te mudas de casa, es tu responsabilidad informar a la empresa del microchip.

Si has rescatado a un perro, existe una gran posibilidad de que tu Staffie haya sido microchipado por la organización benéfica o el dueño anterior. Esto no estará registrado inicialmente a tu nombre, sino que estará registrado a nombre de la organización de rescate. La mayoría de las organizaciones de rescate requieren que mantenga el microchip a su nombre durante varios meses hasta que finalice un período de prueba, después del cual puedes cambiar los detalles a tu nombre.

## Parásitos Internos

Parte del cuidado rutinario de tu Staffie debe ser proporcionarle tratamiento preventivo para parásitos internos como lombrices intestinales y tenias. Esto se puede hacer dándole una pastilla, un premio desparasitante o una pipeta spot-on en la parte posterior del cuello.

Es posible que algunos tratamientos contra pulgas también contengan tratamientos contra lombrices intestinales, por lo que es importante consultar a tu veterinario para asegurarte de no administrar una dosis doble.

Foto cortesía de Margaret Pilawa

La desparasitación debe realizarse cada tres meses si tu Staffie es carroñero o cada seis meses si no lo es. Esto se debe a que es mucho más probable que recoja un animal muerto lleno de gusanos si olfatea cosas mientras pasea. La excepción a esto es si vives en un área donde prevalecen los gusanos pulmonares. Estos se pueden encontrar dentro de caracoles y babosas que, a pesar de parecernos grotescos, ¡a algunos perros les encanta comer! Si vives en una de estas áreas, la desparasitación con un tratamiento mensual contra lombrices intestinales proporcionará a tu perro una cobertura preventiva para esto.

# Esterilización

Si decides o no esterilizar a tu Staffie es una preferencia personal; sin embargo, hay importantes beneficios para la salud si no deseas reproducirlo.

La esterilización de un perro macho se llama castración. La imagen estereotípica de un Staffordshire Bull Terrier es verlo de pie con un dueño masculino, usando un collar o arnés de cuero con tachuelas, y dos testículos muy prominentes a la vista. Sin embargo, no necesitas mantener esta imagen de macho, y tu perro puede agradecértelo si no lo haces.

Hay muchos beneficios en castrar a un perro macho, tanto en términos de salud general como de comportamiento. Si se castra joven, tu Staffie aún no habrá sentido el impulso ni aprendidos comportamientos antisociales. Estos pueden incluir agresión entre perros, marcar territorios, tratar de ser dominante en el hogar y estar constantemente en busca de hembras en celo. La castración de un perro puede reducir o prevenir todos estos comportamientos, a menos que elijas castrarlo más adelante en la vida, momento en el cual estarán arraigados y puede ser necesario consultar a un especialista en comportamiento para manejarlos.

Además de reducir los comportamientos no deseados, la castración de un perro puede eliminar muchos riesgos de salud diferentes, como el cáncer testicular, el cáncer de próstata y la hiperplasia prostática.

El procedimiento de castración es extremadamente rápido y fácil para un veterinario. La mayoría de los procedimientos solo requieren una visita de medio día al veterinario, y tu perro volverá a la normalidad al día siguiente, sin darse cuenta de lo que le sucedió.

La esterilización de una perra se conoce como ovariohisterectomía. Hay aún más beneficios en esterilizar a una perra, y por lo tanto todas las hembras que no se destinen a la reproducción deben ser esterilizadas. Sin embargo, el procedimiento de esterilización es más invasivo que el procedimiento de castración, ya que requiere que tu Staffie tenga una incisión en su abdomen. Esto se puede hacer normalmente o por laparoscopia, dependiendo del equipo y la experiencia de tu veterinario. Un procedimiento normal de esterilización resultará en una incisión más grande y eliminará tanto los ovarios como el útero, mientras que una esterilización laparoscópica solo extraerá los ovarios y dejará una incisión muy pequeña, pero el tiempo quirúrgico es mucho más largo.

Los beneficios de una esterilización son numerosos, incluyendo la reducción significativa del riesgo de cánceres mamarios y la eliminación del riesgo de cánceres ováricos, cánceres uterinos e infecciones uterinas potencialmente mortales conocidas como piometras. Las esterilizaciones laparoscópicas, aunque dejan el útero, también eliminarán el riesgo de piometras, ya que las piometras son impulsadas por hormonas que estarán ausentes después de que se extraigan los ovarios. También eliminará el riesgo de embarazos no deseados y la atención no deseada de perros machos. Una vez que tu Staffie hembra haya sido esterilizada, también dejará de tener celos, que pueden ser desordenados en el hogar y prevenir la socialización durante su celo.

Desafortunadamente, con la esterilización viene un riesgo de efectos secundarios, el más común de los cuales es la filtración de orina más adelante en la vida. Esto se llama Incompetencia del Mecanismo del Esfínter Uretral (USMI, por sus siglas en inglés). El esfínter uretral es una banda muscular que cierra la salida de la vejiga de su perro. Tiene más tono cuanto más estrógeno ha entrado en contacto con él. Esto significa que las perras que han sido esterilizadas, especialmente aquellas que fueron esterilizadas antes de su primer celo, tienen más riesgo de desarrollar USMI más adelante en la vida. La buena noticia es que se puede controlar con éxito con un medicamento diario, disponible en tu veterinario.

## Seguro para Mascotas

Cuando adquieras por primera vez a tu Staffie, ya sea desde la edad de cachorro o como adulto, lo primero que debes hacer es establecer un seguro para mascotas. Las facturas veterinarias pueden ascender a miles de euros, y estas facturas comúnmente llegan inesperadamente.

Hay varios tipos diferentes de pólizas de seguro, por lo que es importante leer la letra pequeña. El primer tipo de póliza que se ofrece comúnmente es un fondo de dinero por condición. Este fondo dura toda la vida, pero una vez que alcances esa cantidad, no podrás reclamar nada más por esa condición.

Otro tipo de póliza también es una suma de dinero, y esa suma de dinero por condición se renueva cada año. Finalmente, puedes encontrar pólizas de seguro que ofrecen una cierta cantidad de dinero en total cada año, en lugar de por condición. Estos diferentes tipos de pólizas variarán enormemente en las primas mensuales, por lo que investigar cuidadosamente cuál es la mejor para tu presupuesto es una buena idea.

Desafortunadamente, si rescatas a un perro mayor, es posible que tus primas de seguro sean más altas. Esto se debe a que la compañía de seguros está asumiendo más riesgo, ya que los perros ancianos tienden a tener más condiciones problemáticas. Puedes reducir el costo del seguro aumentando el pago de franquicia que estás dispuesto a gastar, pero a largo plazo, esto no siempre te ahorra dinero.

El seguro para mascotas eliminará gran parte de la preocupación de proveer para tu perro, porque si surge algo inesperado, sabes que estará cubierto. Por lo tanto, al adquirir un seguro para mascotas y proporcionar las medidas veterinarias preventivas que se han descrito en este capítulo, puedes asegurarte de que estás dando a tu perro todas las oportunidades para vivir una vida sana y feliz.

CAPÍTULO 13
# Enfermedades y Afecciones

Como ocurre con todos los perros de pedigrí en comparación con los mestizos, inevitablemente habrá habido cierta endogamia entre parientes cercanos. Desafortunadamente, esto puede provocar que la genética deficiente se acentúe en el ADN y una sobrerrepresentación de ciertas enfermedades dentro de la raza. Debido a la diversa herencia y genética del Staffie, generalmente es una raza bastante saludable; sin embargo, hay algunas afecciones que son más comunes que otras. En este capítulo, exploraremos las diferentes afecciones a las que el Staffordshire Bull Terrier es propenso.

## Displasia de Cadera y Codo

La displasia articular de cadera o codo es una afección común en las razas de perros de pedigrí, y el Staffie no es diferente. La cadera es una articulación de rótula y cavidad donde la cabeza del fémur (rótula) encaja en una cavidad de la pelvis. Normalmente, esto debería ser una coincidencia perfecta, como piezas de un rompecabezas, pero cuando un perro tiene displasia de cadera, la rótula o la cavidad están malformadas. Cuando las formas no coinciden bien, significa que la articulación es menos estable cuando se mueve. En casos graves de displasia de cadera, la rótula puede luxarse fuera de la cavidad de la cadera al moverse, lo que resulta en un andar tambaleante y oscilante si se observa desde atrás.

La displasia de codo, por otro lado, tiene muchos elementos diferentes. No es una articulación tan simple como la cadera, y dentro de la afección de displasia de codo, puede haber múltiples anomalías en el desarrollo. El problema más común en la displasia de codo es la osteocondritis disecante (OCD). Esto ocurre cuando un colgajo de cartílago articular se separa de la superficie. Además de esto, varias proyecciones pueden desprenderse. Estas se conocen como proceso ancóneo no unido (UAP) y proceso coronoides medial fragmentado (FMCP). Esto finalmente conduce a cojera o un andar inusual.

La displasia articular generalmente se diagnostica basándose en radiografías o artroscopia; sin embargo, la mayoría de los veterinarios pueden tener una idea firme de que un perro puede estar sufriendo de displasia de

Foto cortesía de
Leah Hill

*Foto cortesía de Ian Dawson*

cadera o codo a partir de un simple examen clínico. La displasia articular es una afección hereditaria y, por lo tanto, generalmente se diagnostica desde una edad temprana. Las radiografías pueden confirmar la displasia tan pronto como un perro esté completamente desarrollado. Es mejor entender si un perro tiene displasia o no desde una edad temprana, ya que si no se detecta, la artritis se establecerá en una etapa temprana. Esto puede mitigarse con cambios en el estilo de vida, como mantener a tu perro controlado en los paseos con saltos mínimos, y terapias físicas, como la hidroterapia, para desarrollar músculo. Los suplementos articulares también ayudan a mantener la salud de las articulaciones. El peso del perro también juega un papel importante en el manejo de las articulaciones, ya que un perro más ligero tendrá menos fuerza gravitacional sobre las articulaciones y, por lo tanto, menos estrés. Inevitablemente, todos los perros que tienen displasia articular algún día tendrán artritis; el objetivo es evitarla durante el mayor tiempo posible.

Para casos graves de displasia de codo y cadera, la cirugía es una opción para mejorar la articulación. En la displasia de codo, la cirugía generalmente implica la extirpación de fragmentos de hueso o cartílago. A veces, un UAP puede volver a unirse con el uso de tornillos, si la cirugía se realiza a una edad muy temprana. Con la displasia de cadera, la articulación de la cadera puede modificarse eliminando la cabeza del fémur, remodelándola y reemplazándola, o extirpándola por completo. Tanto en la displasia de cadera como en la de codo, el reemplazo total de la articulación es el tratamiento quirúrgico de referencia, pero con los implantes viene un alto costo, ya que esta cirugía requiere una inmensa habilidad del cirujano y costosas piezas de implante.

La puntuación de cadera y codo puede realizarse a través de organizaciones caninas reconocidas que siguen los estándares de la FCI, como la Real Sociedad Canina de España (RSCE) en España, o veterinarios especializados que utilicen los sistemas de evaluación BVA/KC o FCI.

# Luxación de Rótula

El Staffordshire Bull Terrier también puede ser propenso a otra afección articular, conocida como luxación de rótula. La rótula es más comúnmente conocida como la rodilla. Es una sección de hueso, unida por múltiples ligamentos que corre en un surco liso al final del fémur. Normalmente, este surco tiene lados lo suficientemente altos para que la rótula permanezca dentro del surco, pero cuando un perro sufre de luxación de rótula, el lado interno (conocido como el lado medial) del surco es demasiado superficial. Esto hace que la rótula se deslice fuera del surco hacia el interior de la articulación de la rodilla.

En algunos casos, la rótula volverá automáticamente a su lugar cuando el perro mueve su articulación, mientras que en otros permanecerá luxada.

*Foto cortesía de Kelly Harvey*

*Foto cortesía de William J Henrie*

Debido a esto, la luxación de rótula se clasifica en una escala del uno al cuatro, siendo uno extremadamente leve, y cuatro cuando la rótula está atascada en una posición luxada. Comúnmente, la luxación de rótula de grado uno se encuentra incidentalmente en un examen realizado por un veterinario durante el chequeo anual, ya que rara vez causa cojera y, por lo tanto, pasa desapercibida para los dueños. El único signo clínico que algunos perros pueden exhibir es un salto ocasional en su zancada cuando corren. El grado cuatro, sin embargo, es más obvio y causa una cojera mecánica ya que el perro no puede usar su articulación adecuadamente.

El diagnóstico viene en dos partes: manipulación y radiografías. Un veterinario puede manipular fácilmente la rótula para comprender cuán grave es la luxación de rótula. Una vez que se confirma la luxación de rótula, se realizará una radiografía para comprender el nivel de deterioro de la articulación, ya que la artritis comúnmente sobreviene. Dependiendo de cuán saludable esté la articulación en la radiografía, habrá varias opciones de tratamiento. La mayoría de los casos de luxación de rótula de grado uno se tratan de manera conservadora con suplementos articulares y manejo del peso para minimizar el estrés innecesario en la articulación. Los grados dos a cuatro se tratan más comúnmente con cirugía. Hay varias técnicas que un cirujano veterinario podría usar, y una no es más beneficiosa que otra. El veterinario puede optar por profundizar el surco de la rótula. Esta técnica se llama trocleoplastia en cuña. Otra técnica se conoce como transposición lateral del tubérculo tibial, que es cuando el punto de inserción del tendón rotuliano se mueve hacia el exterior de la pierna, creando más tracción en la dirección opuesta. La técnica final, y la más recientemente desarrollada, es la colocación de un implante en el interior del surco para elevar la cresta interior, haciendo así significativamente más difícil que la rótula se salga.

## Cataratas

Las cataratas hereditarias son un problema genético común en los Staffordshire Bull Terriers y aproximadamente el 8% de los Staffies portan el gen. Se pueden realizar pruebas de ADN para examinar a los perros reproductores para esta afección con una prueba de sangre o un hisopo bucal, para evitar criar cachorros que puedan desarrollar cataratas.

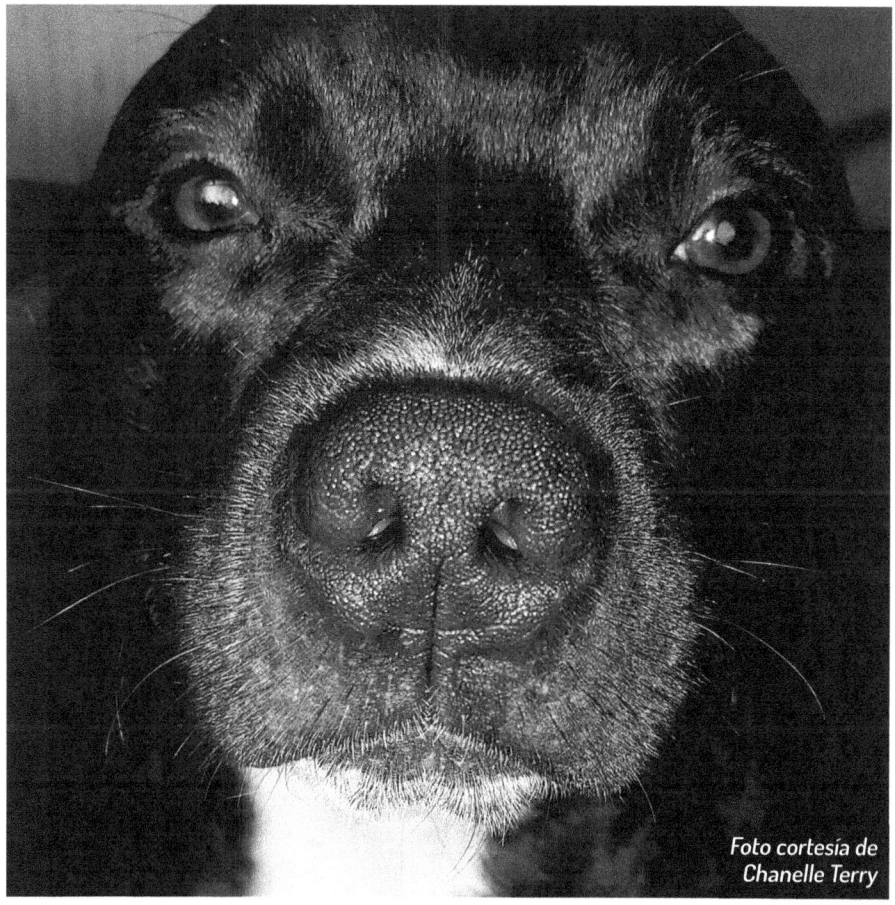

*Foto cortesía de Chanelle Terry*

Mientras que la mayoría de los perros son susceptibles a desarrollar cataratas a una edad avanzada, las cataratas hereditarias pueden comenzar a desarrollarse en los primeros meses de vida y conducir a una pérdida completa de la visión a los dos o tres años de edad. Una catarata ocurre cuando el cristalino del ojo comienza a volverse opaco e impide que la luz llegue a la parte posterior del ojo para ser procesada por el cerebro.

Afortunadamente, las cataratas hereditarias son un gen recesivo, y por lo tanto ambos padres deben tener el gen y transmitirlo a la descendencia para que esta desarrolle cataratas. Los portadores del gen, que tienen un gen sano y un gen de cataratas, no desarrollarán cataratas, pero independientemente de ello, no deberían ser utilizados para la reproducción.

Las cataratas no son dolorosas, por lo que muchos dueños simplemente optan por dejarlas y vivir con un perro ciego. Muchos perros se desenvuelven excepcionalmente bien en la vida siendo ciegos, siempre y cuando no mueva los muebles en la casa y los mantenga con correa durante los paseos. Los Staffordshire Bull Terriers también son lo suficientemente inteligentes como para aprender comandos difíciles como detenerse, dar la vuelta, despacio y paso. Estos les ayudarán enormemente a mantenerse fuera de problemas cuando no puedan ver hacia dónde van.

Para los dueños que desean tratar las cataratas de su Staffie, los reemplazos completos del cristalino son una opción quirúrgica. Es una cirugía complicada y delicada, y por lo tanto solo la realizan oftalmólogos veterinarios.

## Alergias Cutáneas

Una afección común que sufren los Staffies son las alergias cutáneas. Esta es una afección frustrante y de por vida, y se trata pero no tiene cura. Pero la buena noticia es que una vez que se ha identificado la alergia, puede manejarse muy bien.

Las alergias se manifiestan de varias maneras diferentes. La más común es la picazón en la piel, generalmente en las regiones del vientre, la ingle, la axila y las patas. Los conductos auditivos también pueden inflamarse y, en casos más raros, el intestino puede alterarse también, lo que lleva a la diarrea. No parece haber un patrón entre los diferentes alérgenos y las diferentes áreas que se inflaman en el cuerpo, sino que varía en cada caso individual. Los alérgenos pueden incluir proteínas alimentarias (como pollo, carne de res, etc.), alérgenos ambientales (como hierba, polen, etc.) y alergias a insectos (como ácaros, pulgas, etc.). Es poco común que un perro sea alérgico a una sola cosa, y generalmente están involucrados varios alérgenos. Descubrir cuáles son los culpables es un proceso de eliminación. Existe la opción de realizar análisis de sangre para investigar la reacción a diferentes alérgenos, pero estas pruebas pueden ser costosas, así como inespecíficas e inconclusas en sus resultados. Sin embargo, en algunos casos, los resultados pueden ser útiles para evitar alérgenos o crear una vacuna contra las alergias.

Aparte del desarrollo de vacunas contra alérgenos, hay varias opciones de tratamiento para manejar las alergias. La primera es proporcionar medicamentos que reduzcan la inflamación en la piel mediante la disminución de la respuesta inmune a los alérgenos. Más comúnmente se utilizan medicamentos esteroides, que pueden administrarse en forma de tabletas, inyecciones, aerosoles o cremas. Los esteroides son extremadamente efectivos, pero vienen con efectos secundarios, como aumento del hambre, aumento de la sed y una sobrecarga para el hígado. Otras formas de medicamentos que actúan de manera similar incluyen inmunosupresores, como la ciclosporina, y antihistamínicos, como la clorfeniramina.

También hay formas de manejar la piel para que la barrera cutánea esté en mejor estado y no se inflame tanto. El pilar de este tratamiento es la suplementación con aceites omega. Cuando el omega-3 y el omega-6 están en una proporción perfecta de 1:3, desarrollan efectos antiinflamatorios significativos. Esto sucede porque una sustancia tipo hormona llamada PGE2 normalmente se forma en el proceso inflamatorio, pero los aceites omega hacen que se forme PGE3 en su lugar, que es significativamente menos inflamatoria. Además de esto, los champús que contienen árbol de té o avena ayudan a mantener la piel limpia y libre de bacterias, que pueden causar infecciones secundarias cuando la barrera cutánea está débil.

En general, los Staffordshire Bull Terriers tienen muy pocos problemas de salud en comparación con otras razas de pedigrí, y esto probablemente se deba al hecho de que están menos endogámicos que otras razas, por lo que el acervo genético es mucho más amplio. Sin embargo, siempre es útil conocer las enfermedades y afecciones que podrían desarrollar para que, si tu Staffie desarrolla algún síntoma, puedan abordarse y tratarse lo antes posible.

# CAPÍTULO 14
# Conviviendo con un Perro Anciano

Convivir con un Staffordshire Bull Terrier anciano es bastante diferente a convivir con un Staffie más joven. Aunque todavía encontrarás que es exuberante en muchos aspectos, ahora es probable que tome la vida a un ritmo más lento. Cuidar de un perro mayor también requiere un ligero cambio en tu gestión como dueño. Aspectos como la dieta, el ejercicio y la atención sanitaria deben tenerse en cuenta. Esta es la etapa en la vida de tu Staffie cuando es probable que necesites un seguro para mascotas, ya que la mayoría de los perros ancianos terminarán con algún tipo de dolencia que requiere múltiples visitas al veterinario o cuidados crónicos. Si no contrataste un seguro para mascotas desde una edad temprana, no es demasiado tarde; sin embargo, es probable que la compañía de seguros cobre primas más altas y un deducible mayor para un perro anciano.

# Dieta

La dieta está estrechamente vinculada a la salud general de tu Staffie, y por lo tanto, una dieta apropiada para su etapa de vida es importante. Las dietas para perros mayores están ampliamente disponibles en la mayoría de las marcas comerciales, por lo que encontrar una dieta para perros mayores en una tienda de mascotas o supermercado no debería ser difícil.

Las dietas para perros mayores difieren de las dietas normales para adultos en varias formas. En primer lugar, la mayoría de las dietas para perros mayores tienen un contenido calórico ligeramente menor. Esto se debe a que, a medida que los perros envejecen, generalmente se vuelven menos móviles y no necesitan tantas calorías para mantener el mismo peso. Mantener a tu perro mayor delgado beneficiará enormemente su salud, ya que un aumento de peso puede provocar insuficiencia hepática, diabetes, insuficiencia cardíaca y tensión en las articulaciones. Los alimentos para perros mayores suelen tener un mayor contenido de fibra para aumentar la saciedad y mantener a tu Staffie sintiéndose lleno por más tiempo, sin necesidad de calorías adicionales.

Las dietas para perros mayores también suelen contener ingredientes adicionales para mantener una buena salud cardíaca, cerebral y articular. Esto generalmente se logra añadiendo ingredientes ricos en ácidos omega, como aceites de pescado o de semillas.

Algunas dietas para perros mayores pueden tener cantidades ligeramente diferentes de ciertos minerales en comparación con los alimentos para perros más jóvenes. Por ejemplo, el potasio y el sodio están estrechamente relacionados con la función de los riñones, y frecuentemente los riñones se ven comprometidos en perros mayores. A veces, los alimentos para mascotas tienen esto en cuenta y cambian el equilibrio mineral del alimento.

Finalmente, a medida que los perros envejecen, a menudo tienen más dificultades para comer. Esto puede deberse a una mala salud dental, artritis en la mandíbula o simplemente un aumento en la exigencia. Como resultado, la mayoría de los alimentos para perros mayores son más fáciles y atractivos de comer. Esto puede ser a través de una mayor palatabilidad y mejor sabor, o una textura más suave y, por lo tanto, más fácil de masticar.

# Chequeos de Bienestar para Perros Mayores

A medida que tu Staffie envejece, sus visitas al veterinario deberían ser más frecuentes. Esto es importante incluso si tu Staffie no tiene ningún problema. De esta manera, cualquier condición se detecta muy temprano en el curso de la enfermedad. Un diagnóstico temprano puede ser la diferencia entre la vida y la muerte a esta edad, y un tratamiento oportuno asegurará que puedas mantener la salud y la calidad de vida de tu Staffie.

Un chequeo de bienestar para perros mayores debe realizarse cada seis meses, para cualquier perro mayor de ocho años. Esto incluirá un examen físico, revisión de los dientes, la vista, el corazón, los pulmones, el abdomen y la temperatura de tu Staffie. Dependiendo de cómo sea el examen físico, tu veterinario puede desear realizar un análisis de sangre y una prueba de presión arterial, para comprender completamente la salud interna de tu Staffie. Es una buena idea realizar esto cada año en perros muy mayores, ya que órganos como el hígado o los riñones pueden deteriorarse muy rápidamente.

Muchas compañías de seguros estarán dispuestas a cubrir el costo de los chequeos de bienestar para pacientes ancianos, pero siempre debes leer la letra pequeña de tu póliza, ya que no hay dos pólizas iguales.

Foto cortesía de Emma Ceely

## Artritis

Desafortunadamente, la artritis es extremadamente común en perros ancianos. Uno de cada cinco perros mayores de ocho años que no tienen ningún síntoma, tendrá artritis no diagnosticada. La artritis se desarrolla a partir de una presión anormal continua sobre la articulación. Esto puede ser porque la articulación es anormal y recibe una presión normal, o porque la articulación es normal pero recibe una presión anormal continua.

Como se discutió en el Capítulo 13, los Staffordshire Bull Terriers son una raza propensa a la displasia de codo y cadera. Esto significa que pueden tener articulaciones anormales con una presión normal ejercida sobre ellas y, por lo tanto, como raza, tienen un mayor riesgo de desarrollar artritis.

La artritis es una enfermedad que afecta a toda la articulación, lo que significa que no es solo un aspecto de la articulación el que se ve afectado. Durante el curso de la enfermedad, el cartílago articular se degrada, el hueso subcondral se daña y el líquido articular se vuelve más delgado. Como resultado, la articulación comienza a rechinar cuando se mueve y causa un dolor considerable.

Aunque no se puede revertir la artritis, la buena noticia es que hay muchas opciones de manejo para asegurar que tu viejo Staffie se mueva cómodamente. El tratamiento de primera línea son los medicamentos antiinflamatorios no esteroideos. Estos son medicamentos diarios que funcionan de manera similar a la mayoría de los medicamentos para el dolor de venta libre que puedes obtener en tu farmacia local. Sin embargo, es importante siempre darle a tu Staffie medicación canina y no medicación humana.

Además de la medicación, también puedes considerar darle a tu Staffie suplementos para las articulaciones. Estos suelen presentarse en forma de polvos o cápsulas, y contienen glucosamina, condroitina, MSM y/o mejillón de labios verdes. Estos ingredientes contienen los precursores para la formación de cartílago, por lo que ayudan a mantener el cartílago y evitar que se degrade aún más. Los ingredientes también ayudan a mejorar la viscosidad del líquido articular, lo que mejora la lubricación de la articulación.

La rehabilitación física también es una excelente manera de desarrollar fuerza y proporcionar alivio del dolor sin necesidad de más medicamentos. Esto es beneficioso, ya que todos los medicamentos deben ser filtrados del cuerpo a través del hígado o los riñones, y como resultado, estos órganos sufrirán tensión. La rehabilitación física puede tomar tres formas diferentes: fisioterapia, hidroterapia y acupuntura.

La fisioterapia es una terapia que ayuda a mejorar la función de los músculos y la movilidad general. A menudo se utiliza para casos ortopédicos y neurológicos; sin embargo, su aplicación puede ser infinita. Para casos de artritis, los músculos no se estarán utilizando correctamente ya que las articulaciones están doloridas, y la fisioterapia ayudará a reconstruir la fuerza en ellos. Hay varios tipos de ejercicios que se realizan comúnmente en sesiones de fisioterapia. El primer tipo de ejercicio es el masaje general. Esto mejora el flujo sanguíneo. La base de las sesiones de fisioterapia son ejercicios que fomentan el movimiento y el uso funcional de las extremidades o el equilibrio. Esto se puede hacer usando pelotas de ejercicio inflables para inclinarse, o inflables para pararse, de modo que el cuerpo tenga que reaccionar y juzgar su posición. Esto mejora el equilibrio y tonifica los músculos posturales. Otros ejercicios comunes incluyen el rango pasivo de movimiento, que implica mover las patas de manera similar a una bicicleta cuando están acostados de lado y no soportan peso, y ejercicios como sentarse y levantarse, y zigzaguear entre conos.

Otra terapia de rehabilitación popular para la artritis es la hidroterapia. Esto es más que solo una sesión de natación costosa. La hidroterapia generalmente es realizada por hidroterapeutas caninos, fisioterapeutas veterinarios o enfermeros veterinarios, todos los cuales habrán tenido una amplia formación. Una sesión de hidroterapia no será en una piscina general. Por lo general, habrá una piscina construida para tal fin y una cinta de correr subacuática, específicamente para hidroterapia canina. A menudo se utilizarán flotadores para ayudar a los perros a mantenerse en una buena posición en el agua, y también se pueden sacar juguetes para fomentar una experiencia positiva. La hidroterapia se usa más comúnmente para perros que necesitan desarrollar músculo sin poner estrés en otras partes anatómicas del cuerpo.

Finalmente, una excelente forma de alivio del dolor sin medicación es la acupuntura. Hay dos tipos de acupuntura: china y occidental. La china todavía se practica ampliamente; sin embargo, la explicación de la terapia ahora está bastante desactualizada. Ha habido algunos avances científicos importantes en el mundo de la acupuntura, que han dado lugar a la acupuntura occidental. Ahora se sabe que la acupuntura funciona a través de la estimulación de los nervios, en lugar de por el flujo de energía a través de meridianos. Hay muchos nervios en el cuerpo, algunos de los cuales viajan como haces. Estos haces nerviosos son gruesos y pueden ser objetivo en ciertos puntos por agujas de acupuntura. Si son estimulados por una aguja, el cuerpo liberará una gran cantidad de endorfinas, que es como una morfina natural. Esto causa un profundo alivio del dolor, así como relajación, sedación menor, mejora del flujo sanguíneo y una sensación general de felicidad.

No todos los veterinarios podrán ofrecer acupuntura, hidroterapia o fisioterapia, pero generalmente están dispuestos a remitir pacientes a profesionales que ofrecen estos servicios como terapias complementarias para mejorar la calidad de vida de los perros con artritis.

# Demencia

Hasta hace relativamente poco, se aceptaba ampliamente que los perros perdían alguna función cognitiva a medida que envejecían; sin embargo, ahora existe una condición reconocida llamada Disfunción Cognitiva Canina. Esto es muy similar a la demencia en humanos. Por lo tanto, si encuentras que tu Staffie anciano no es el perro que solía ser, existe una fuerte posibilidad de que esto sea lo que está sufriendo.

Los síntomas más comunes de la DCC son embotamiento, letargo, deambulación sin rumbo, orinar o defecar en áreas anormales cuando previamente estaba adiestrado para hacer sus necesidades en lugares apropiados, y despertarse en horarios inusuales durante la noche.

Aunque no hay cura para la DCC, hay excelente medicación disponible de tu veterinario. Esta medicación mejora el flujo sanguíneo al cerebro, lo que le permite recibir más oxígeno y funcionar mejor. Es posible que encuentres que esta medicación le dará a tu viejo Staffie una nueva oportunidad de vida.

# Deterioro de Órganos

Con el envejecimiento del cuerpo vienen órganos envejecidos, y los cuatro órganos que sufren más tensión son el corazón, los pulmones, el hígado y los riñones.

El corazón es un músculo grande que bombea sangre a los pulmones y alrededor del cuerpo. Cuando la sangre pasa por los pulmones, absorbe oxígeno. Luego, esto se bombea al resto del cuerpo y es utilizado por las células junto con la glucosa, que también es transportada por la sangre. Como subproducto, se produce dióxido de carbono, que la sangre luego lleva de vuelta a los pulmones para ser expulsado del cuerpo. Dentro del corazón hay varias válvulas para prevenir el reflujo de sangre. A medida que los perros envejecen, estas válvulas pueden volverse permeables y causar un flujo turbulento de sangre. Esto requiere que el corazón bombee con más fuerza para mover la misma cantidad de sangre alrededor del cuerpo, y como resultado, el corazón se agranda. Detectar enfermedades cardíacas temprano es importante para detener un mayor deterioro del corazón, y hay muchos medicamentos disponibles que mejoran la función de bombeo.

El hígado es un órgano estrechamente relacionado con el sistema digestivo. Tiene muchos usos, incluida la producción de bilis, que ayuda a digerir las grasas, y la filtración de toxinas fuera del cuerpo. Los animales ancianos con insuficiencia hepática pueden tener encías y ojos amarillos, conocidos como ictericia, además de sentirse enfermos y tener poco apetito. Puede haber muchas razones para la enfermedad hepática, pero en perros ancianos generalmente está relacionada con fibrosis, cicatrización o cáncer. Si bien no hay muchos medicamentos disponibles para tratar la enfermedad hepática, hay varios suplementos en el mercado que mejoran la función del hígado. Además de esto, un cambio a un alimento con menos proteínas reducirá la tensión en el hígado para procesarlas.

Los riñones son un par de órganos vinculados a la vejiga. Su función principal es filtrar los desechos y producir orina, pero también desempeñan muchas otras funciones. Son vitalmente importantes para regular la presión arterial y los equilibrios minerales, y también juegan un papel en la producción de glóbulos rojos. No hace falta decir que, si no funcionan bien, pueden hacer que tu Staffie se enferme gravemente. El deterioro de los riñones debe buscarse en los análisis de sangre de bienestar para perros mayores, ya que si esperas a que aparezcan síntomas clínicos, los riñones ya están destruidos en más del 70%. Hay muchos medicamentos diferentes que tu veterinario puede recetar para manejar la enfermedad renal; sin embargo, todos están dirigidos a los síntomas y no a la causa raíz. Una vez que los riñones están dañados, son difíciles de restaurar.

Finalmente, hay una condición de los pulmones llamada "pulmones de perro viejo". Es probable que si tu Staffie es un perro mayor, pueda tener algún grado de esto. Es completamente normal, y aunque puede hacer que los pulmones no funcionen tan bien como solían hacerlo, generalmente no causan daño. Los "pulmones de perro viejo" ocurren cuando los pulmones comienzan a fibrosarse y pierden su elasticidad. Esto los hace potencialmente más susceptibles a alérgenos inhalados y bacterias. Si se escuchan a través de un estetoscopio, sonarán más fuertes de lo habitual. No hay necesidad de tratar los pulmones ancianos, pero es importante estar alerta y buscar atención médica rápidamente si tienes un perro viejo con una infección pulmonar, ya que puede verse más afectado por ella que si fuera más joven.

## Pérdida de Sentidos

No estás solo si tienes un Staffie viejo que es ciego o sordo. Estos son dos sentidos que comúnmente se pierden en la vejez.

Todos los ojos cambian con la edad, y es habitual ver un enturbiamiento de la pupila. Esto puede deberse a cataratas o esclerosis nuclear. A simple vista, ambos se ven muy similares, y el hecho de que la pupila se esté nublando no significa que el perro no pueda ver.

La esclerosis nuclear es simplemente una condensación de los componentes que forman el cristalino, y los perros pueden ver a través de esto. Las cataratas, por otro lado, también afectan al cristalino, pero son completamente opacas y conducirán a la ceguera del perro. Un veterinario podrá distinguir entre los dos mirando dentro del ojo con un oftalmoscopio. Como se discutió en el Capítulo 13, las cataratas son un hallazgo común en los Staffordshire Bull Terriers, y no siempre ocurren solo en la vejez.

Si un perro se vuelve ciego, generalmente es un proceso lento, que le da al dueño tiempo para comenzar a entrenar comandos útiles, como "espera", "despacio" y "paso".

Muchos perros también perderán su audición, y debido a que hay muy pocas pruebas que se puedan hacer para evaluar la audición en mascotas, el grado en que un individuo ha perdido su audición es algo subjetivo. El dueño puede comenzar a pensar que el perro se está volviendo travieso y no responde a los comandos, pero en realidad el perro simplemente no ha escuchado el comando. Al enseñar comandos cuando es un cachorro, es una buena idea también enseñar una señal con la mano, para que también respondan a esto cuando ya no puedan oír. Por su seguridad, en espacios abiertos o públicos, es una buena idea mantener al perro con correa, ya que su capacidad de responder al llamado ya no existirá.

# Control de la Vejiga

La pérdida del control de la vejiga puede parecerte degradante; sin embargo, para tu Staffie es simplemente un inconveniente. Lamentablemente, ocurre con más frecuencia con la edad avanzada, y determinar la causa raíz es importante para garantizar que se proporcione el tratamiento adecuado.

Como se discutió en el Capítulo 12, esterilizar a tu Staffie antes del primer celo puede aumentar el riesgo de incontinencia urinaria, ya que el esfínter urinario que cierra la vejiga no tendrá un buen tono. Esto está muy influenciado por el estrógeno, por lo que si tu Staffie fue esterilizada antes de su primer celo, existe la posibilidad de que el esfínter se vuelva permeable más adelante en la vida. El tratamiento para esto es una tableta o jarabe diario efectivo que reemplaza la hormona.

Esto puede confundirse fácilmente con la incontinencia urinaria por razones neurológicas. Los nervios que le dicen al esfínter que se cierre se originan a nivel de la columna vertebral inferior, por lo que la artritis de la columna, los discos deslizados u otros problemas espinales también pueden provocar incontinencia urinaria. El tratamiento para esto generalmente requiere un neurólogo veterinario para diagnosticar exactamente qué está mal con la columna vertebral y tratar la causa raíz.

# Diciendo Adiós

Para la mayoría de los dueños, llegará un momento en que tendrá que considerar si la calidad de vida de su Staffie se ha deteriorado tanto que sería una opción más amable dormirlo. Esta es una decisión difícil para cualquier dueño, y no una que deba tomarse sin mucha reflexión cuidadosa. Hay varios aspectos que indicarán que la calidad de vida de tu Staffie se está deteriorando, y puedes juzgar estos aspectos con varias preguntas simples:

1. ¿La cola de tu Staffie todavía se mueve regularmente?
2. ¿Tu Staffie todavía quiere interactuar contigo?
3. ¿Tu Staffie todavía come bien?
4. ¿Puede todavía realizar actividades normales del día a día?

Si llegas a la conclusión de que es el momento de considerar dormir a tu Staffie, entonces tu veterinario puede realizar el procedimiento con sensibilidad. La inyección es simplemente una sobredosis de anestésico, que hará que tu Staffie se deslice hacia un sueño profundo, antes de que el corazón se detenga. Por lo general, es un procedimiento pacífico, y tu Staffie no sentirá ningún dolor ni se preocupará por ello.

La inyección se puede administrar en la clínica veterinaria, en tu casa o en tu automóvil en la clínica veterinaria. Lo importante es que se haga donde tu perro esté cómodo y tranquilo, para que todo transcurra lo más suavemente posible. Después de que se haya hecho, generalmente tendrás la opción de que tu Staffie sea cremado o llevarlo a casa para enterrarlo.

Siempre es una decisión difícil dormir a tu Staffie; sin embargo, después debes tratar de centrarte en todos los momentos increíbles que tuviste con él, su sonrisa contagiosa y cuánta alegría ha traído a tu vida. Este es un momento para celebrar su vida, en lugar de lamentar su partida.

# AGRADECIMIENTOS

Quisiera dedicar este libro al primer Staffie con el que tuve una verdadera conexión, Chunk. Hace muchos años, mi madre solía ofrecerse como voluntaria para transportar perros. Generalmente eran perros que estaban en sus últimos días en refugios, siendo transportados a hogares temporales para darles un poco más de tiempo para encontrar un hogar permanente y amoroso. Un día, llegó a casa con este increíble Staffie de color marrón oscuro, que mostraba un entusiasmo desbordante. Desafortunadamente, tenía visión parcial, por lo que su exuberancia era completamente caótica. Como resultado, adoptó brevemente el nombre de Clunky ("torpe" en inglés), en lugar de Chunk.

Cuando llegaba la noche, su hiperactividad se convertía en energía nerviosa. No podía imaginar lo que debía estar pasando; un cambio de circunstancias, personas que no conocía, un rostro desconocido y sin poder ver nada de esto. Dormí en el suelo con él esa noche, y gradualmente durante la noche, se fue acercando cada vez más a mí hasta finalmente acurrucarse a mi lado. Eventualmente fue acogido por un hogar temporal comprensivo, donde recibió el tratamiento veterinario que necesitaba para sus ojos, y la buena noticia es que su vista fue restaurada.

Antes de conocer a Chunk, tenía una visión completamente incorrecta de los Staffordshire Bull Terrier. He llegado a conocerlos y amarlos por ser perros amables, cariñosos y dulces, llenos de energía y alegría.

Finalmente, como siempre, quisiera extender mi agradecimiento a mi editora de largo tiempo, Clare Hardy, quien hace un trabajo excepcional revisando todos mis escritos. Su aportación es invaluable. Ella me ha brindado continuamente un apoyo increíble, ¡y no puedo pensar en nadie más con quien preferiría trabajar!